. Anonymous

Katholische Stimmen aus der Schweiz

Der Schulzwang

. Anonymous

Katholische Stimmen aus der Schweiz
Der Schulzwang

ISBN/EAN: 9783743300590

Hergestellt in Europa, USA, Kanada, Australien, Japan

Cover: Foto ©ninafisch / pixelio.de

Manufactured and distributed by brebook publishing software (www.brebook.com)

. Anonymous

Katholische Stimmen aus der Schweiz

Katholische Stimmen

aus der

Schweiz.

VI. Heft.

Der Schulzwang,

ein Stück Schweizerfreiheit,

oder

vertrauliche Briefe über den staatlichen Schulzwang und das Alleinrecht des Staates auf die Jugenderziehung

von einem freien Bürger.

Zürich, Stuttgart, Würzburg.
1869.
Leo Woerl'sche Verlagshandlung.

Der Schulzwang,

ein Stück Schweizerfreiheit,

oder

vertrauliche Briefe über den staatlichen Schulzwang und das Alleinrecht des Staates auf die Jugenderziehung

von einem freien Bürger.

Motto: Freiheit, die ich meine,
Die mein Herz begehrt.

Erster Brief.

Lieber Freund! Du hast mir jüngst in einem Brieflein aus der Residenz deine Besorgnisse über die Stimmung unseres Volkes bei gegenwärtiger Lage ausgedrückt. Offen gestanden, sind Deine Besorgnisse so ziemlich begründet. Mich wundert nur, daß Du noch einen ungetrübten Blick bewahrt hast mitten in dem Dunst der ungeheuerlichen Staatsluft, die in der Residenz zu wehen pflegt; einen Blick, der fähig ist, die Wolken zu sehen, welche am volk= und steuerbehangenen Bürgerhimmel in dunkeln Farben sich allmählig aufthürmen. Nicht jeder Residenzler, ich sag' es frei heraus, bewahrt diesen Scharfblick. Im Gegentheil! Mancher, der wohlig und selbstzufrieden an seinem hohen Quartalzapfen hängt, meint eben, der steuerzahlende Bürger sei ebenso zufrieden und guter Dinge, wie er selber. Dem ist aber durch= aus nicht so!

Wer, wie ich, mitten im Volk drin lebt und des Volkes Bedürfnisse, Wohl und Wehe und seine Meinungen und An= sichten kennt, wird es bald loshaben, daß „ein gewisses Etwas", das man im gewöhnlichen Leben „allgemeine Unzufriedenheit" nennt, in der Volksluft schwebt und immer größern Umfang gewinnt, gleichviel, ob die Residenzler es merken wollen oder nicht.

Nichts thut in gegenwärtiger Zeit, in welcher der Verdienst so karg und die Lebensbedürfnisse so theuer sind, dem einfachen Bürger so wehe, wie doppelte Steuern, die Mancher bald nicht mehr zu erschwingen weiß. Du hast mir zwar schon auf einen früheren Brief, in welchem ich auf diesen Punkt hingewiesen hatte, bemerkt: es sei leicht reden von Verminderung der Steuern, sie seien ein nothwendiges Uebel, wie das allwöchentliche Rasiren, wenn man nicht ungeschoren dastehen will; der Staat habe eben auch seine erhöhten Bedürfnisse, sofern er manche Last zu bestreiten habe, die ihm früher nicht aufgebürdet war. Ganz besonders verschlinge das Erziehungs- oder Staatsschulwesen, das ihn früher keinen Rappen gekostet und doch dagewesen, von Jahr zu Jahr größere Summen.

Freund Ariost! Ich verkenne nicht, daß die Ansprüche an den Staat in der Jetztzeit wirklich größer sind, als ehemals, besonders im Materiellen. Aber Du wirst doch selber zugeben, daß der Staat manche unnütze Ausgaben macht und manch' Tausende von Fränklein ersparen könnte, wenn er nicht in so viele, ja fast in alle Verhältnisse des Lebens hinein seine Spürnase stecken wollte, wie er wirklich thut.

Es ist insbesondere das Schulwesen, das der Staat an die Hand genommen, — und das seit dieser Zeit ungeheure Summen kostet. Du sagst zwar, daß die Verfassung den Staat verpflichte: das Schulwesen unter seine Fittige zu nehmen. Allein daraus folgt doch gewiß nicht, daß das Schulwesen immer Staatssache bleiben, d. h. daß diese Staatsverfassung unfehlbar und unabänderlich sei. Im Gegentheil! Ich glaube vielmehr, daß die Schule Sache der freien Entschließung der Bürger, Sache der Kirche, welche sie gegründet, und der Familie, welche sie bevölkert, sei.

Hast Du mir nicht selber in einer unbefangenen Stunde gestanden, daß es die unglücklichste Staatsaktion gewesen sei, als man den Artikel schuf, welcher unsere Jugend dem Moloch Staat in die ertödtenden Arme warf? Hast Du mir nicht noch letzten Herbst das freimüthige Bekenntniß abgelegt, daß nach den sieben fetten Jahren, welche das Staatsschulwesen durchlebt, die Schulen um kein Haar besser geworden seien, als sie es unter der Aufsicht der Konfessionen, resp. der Kirche gewesen?

Also die Hand auf's Herz! Du kannst nicht behaupten, daß es nicht besser wäre, wenn das Schulwesen Sache der Konfessionen wäre. Ich will Dir aber den Nachweis liefern, daß ausschließliche Staatsschulen in jetziger Konfessionslosigkeit und dem strammen Staatszwang entschieden vom Uebel sind. Ich will Dir nachweisen, daß es eines freien Bürgers, bekenne er sich zu welcher Konfession er will, durchaus unwürdig ist, vom Staate gezwungen zu werden, seine Kinder in Staatsschulen zu schicken.

Ich weiß nun gar wohl, daß ich dadurch, weil ich mich unterfange, eine so staatshoheitsgefährliche Meinung dem unschuldigen Papier anzuvertrauen, der ganzen Vehme des Alt- oder Sackradikalismus verfallen bin, ja vielleicht sogar in Deinen staatsschulmeisterlichen Augen mich zu einem unverbesserlichen Rückschrittler stemple.

Allein Du kennst mich und weißt, daß wenn ich von etwas lebendig überzeugt bin, so muß es heraus, und wenn es Anderen noch so großen Verdruß macht und mir selber den Quartalzapfen kosten sollte. Doch so weit sind wir in unserer freiherrlichen Schweiz gottlob noch nicht, trotz der Allgewalt der Freimaurerei, die nun einmal bei uns im Bunde, wie in den Provinzen regiert, Gesetze schmiedet und die alte Schweizerfreiheit mordet.

Darum sei das Wagniß gewagt. Ich will mit Dir, lieber Ariost, einmal von der Leber weg reden über das Schulwesen, die Schulwuth oder besser den Schulzwang und die Alleinberechtigung des Staates auf die Schule, wie sie bei uns in klassischer Blüthe steht.

Es ist mir aber, als stündest du mit Deiner ganzen Länge vor mir, und ich sehe Dich, wie Du mit Deinen großen Augen über Deine Stahlbrille hinweg mich erstaunt anblickst und frägst: Aber, woher kommst Du denn dazu, über diesen Gegenstand zu schreiben? Wie bist Du denn auf einmal, gleichsam über Nacht, so entsetzlich gelehrt geworden?

Freund Ariost! Du weißt: im Zeitalter der Eisenbahnen, der Telegraphen und der schnellschießenden Hinterlader lebt man entsetzlich schnell, und wird deshalb auch zum Verwundern schnell gelehrt. Aber ich kenne Dich! Du willst mich nur etwas verdeckt foppen, und auch das ist mir gleichgültig, indem ich Dir nicht verhehle: daß andere Leute und ich zusammen recht ordentlich gelehrt sind, sofern sie mir nämlich die Ideen vorlegen und ich diese nach meiner Art verarbeite. Bezüglich des Schulwesens aber sind wir beide, Du und ich, keine Häslein mehr. Daß ich einst unter der alten Verfassung geschulmeistert, als wohlbestallter Schulrath zuweilen mit Schuldingen mich befaßt und auch jetzt noch ein wenig mit Schulen mich abgebe, ist Dir nicht unbekannt. Dabei habe ich freilich allerlei Erfahrungen zu machen Gelegenheit gehabt, vielleicht mehr, als mancher Staatskünstler, der das große Wort im heutigen Schulwesen führt, aber noch keinen halben Tag geschulmeistert hat; Staatskünstler, die oft die besten Landschullehrer zum Blauwerden kujoniren, während es sich fragen würde, ob sie in einer Dorfschule drin nur eine Woche lang sich zurechtfänden und jene Erfolge erzielten, wie der einfachste Dorfschullehrer.

Doch, was fragen große Geister nach solch kleinlichen Dingen. Sie regieren in ihrer geträumten Weisheit und Schwindelallmacht einfach vom Kabinete aus, machen Verordnungen über Verordnungen, erlassen Lehrschwesternverbote, drehen Gesetzen und Verfassungsartikeln ihre wächsernen Nasen durch sogenannte Vollziehungsverordnungen und Nachträge zu diesen Vollziehungsverordnungen, gleichgültig, ob's wohl oder wehe thue, praktisch anwendbar, oder „graue Theorie" sei, und überlassen das Kleinliche den Leuten vom Schlage, wie Du und ich sind. Indeß, lieber Ariost, wenn Du allemal Deine Schule beginnst und die erste Stunde gibst, sagst du gewöhnlich zu Deinen Zöglingen: prima lectio brevis, und darum soll auch kurz sein der erste Brief

Deines Freundes

Veritabel.

Zweiter Brief.

„Schule", Freund Ariost, und abermals „Schule", das ist das A und das Z, das erste und letzte Wort unserer Zeit, welche sich auf ihre Weisheit, ihre Bildung und ihren Fortschritt so schrecklich viel zugut thut.

„Schule", „Schule" tönt es von allen Ecken und Enden unseres engern und weitern Vaterlandes.

Die Schule ist der Brennpunkt, um den sich die fortschritt= lichen Kammern in Kleindeutschland, wie die großen (!) Räthe unserer „einen und untheilbaren Republik" wie im Veitstanze drehen und wenden. Hier wird eine Schule eröffnet, da muß eine Schule her, dort erweitert man die Schule, da planirt man eine Schule; heute ist das Schulgesetz durchberathen worden; so= eben ist eine neue Schulordnung, ein neues Schulbuch, ein neuer Schulplan erlassen, eine neue Schulbank, ein neues Schullehr= mittel erfunden worden. So tönt's von allen Seiten. Schul= steuer, Schulsache, Schulrath, Schule — Schule, das ist der Ruf von hüben und drüben; hier wie überall nichts als Schule und wieder Schule; kurz in Schule wird fabrizirt, planirt, plat= tirt, probirt und geirrt, daß das einzige Wort „Schule" für unser aufgeklärtes Jahrhundert eine ganz nagelneue Krankheit hervorgezaubert hat, eine Krankheit, welche man die Schulsucht oder S c h u l w u t h nennt.

Was nicht nach Schule riecht, hat den rechten Geruch nicht. Der Eine schreibt eine „Schule des Lebens", ein Anderer eine „Schule des Herzens", Schule der Reichen, Schule der Armen, Schule der Noth, und nebenbei laufen noch Kleinkinderschule, Volks= und Sekundarschule, Rekrutenschule, Soldatenschule, Kriegs= schule, zuletzt noch Judenschule und weiß Gott noch was für Schulen, so daß man unsere Zeit füglich die Schulzeit der Menschheit, oder das Jahrhundert der Schulwuth nennen darf.

Rümpfe, Freund Ariost, nur nicht so vornehm die Nase! Es ist doch so! Wie der Braten in einer Sauce liegen muß, wenn er schmackhaft sein soll, so muß heutzutage jedes Ding, das ziehen soll, in einer Schulsauce schwimmen, und der Schul= staub in alle Häuser und Hälse dringen. Hätte ich Dir nur nicht gefolgt und auf Deine Abmahnungen nicht gehorcht, so hätte ich jetzt meine „eidgenössische Judenschule" geschrieben und ich wär' ein berühmter (!) Eidgenoß geworden. Um diesen Ruhm hast eigentlich Du mich gebracht, und ich danke Dir's nicht. —

Also Schulen und Hinterlader, das sind die Früchte, welche heutzutage unsere Staatswaldungen tragen. Die Schule ist der Modeartikel, der überall Käufer findet, die Modethorheit, die, wie die Krinolinensucht, fast alle Menschenkinder erfaßt hat, so daß Viele meinen, ohne Schule nicht mehr selig werden zu können. Wer nicht an der Schulwuth krank darniederliegt, gilt bald für keinen rechten Menschen mehr; wer nicht in's Horn der Schulmeisterei und des jetzigen Staatsschulwesen zu blasen versteht, ist ein Ungebildeter, ein Finsterling, ein Hottentote.

Nun! zum schulwüthigen, gebildeten Pöbel will ich durchaus nicht gehören.

Du wirst mich aber fragen: Wo spukt denn diese Schulwuth? Antwort: Allüberall, wo der Radikalismus die gesunden Volkselemente angefressen hat.

Und warum?

Eben weil der Sackradikalismus die Schule mißbraucht und ausbeutet, um für sich Kapital zu machen, Rekruten und Anhänger zu werben; eben weil die Schule als Staatszwangsanstalt sein gefügiges Werkzeug ist, um die Armee der Schullehrer und den ganzen Troß der Halbwisser, der aufgeblasenen Bureauherren, Dorfmagnaten und Pflastertreter, Schwindler und Industrieritter, wie solche *seine* Schulen nothwendig erzeugen müssen, sich seinen Zwecken dienstbar zu machen.

Daß aber der Staat die Schule gegenwärtig ganz und gar in Händen hat, das wirst Du mir nicht in Abrede stellen können, obwohl Du mir in Deiner letzten Vakanz etwas dergleichen andeuten wolltest. Nein, Freund! Die Schule ist ganz und gar ein Kind des Staates geworden und der Kirche vollständig entrissen; denn wer hat die ganze Leitung der Schule in Hand? Der Staat.

Wer hat bis jetzt schon eine ganze Masse von Schulplänen in die Welt geschleudert? Der Staat.

Wer bestimmt die Lehrbücher für die Schule? Der Staat.

Wer bestimmt die Dauer des Schulbesuchs? Der Staat.

Wer wählt den Erziehungsrath? Der Staat.

Wer wählt die Bezirksschulräthe? Der Staat.

Wer sorgt für die Heranbildung der Lehrer? Der Staat.

Wer wählt die Professoren und Vorstände des Seminars? Der Staat.

Alles, Alles hat der radikale Staat in Handen und benutzt so Lehrer und Jugend zu seinen Zwecken.

Mit der Schule hat der Radikalismus selbst den Bauern=

stand geködert und verdorben. Auch dieser ist von der Schul=
wuth befallen, so daß viele Herrenbauern und andere meinen,
es erblühe ihren Kindern schlechterdings kein Heil und kein Fort=
kommen mehr, wenn sie nicht, sobald sie selber aus der Wiege
steigen können, in die Schulstube eingepfercht werden, sich den
Rücken krumm sitzen, Schulstaub schlucken, und etwa neun Jahre
lang die staatliche Zwangsschuljacke tragen.

Du machst abermals große Augen an mich her, und es
ist mir, als hörte ich Dich fragen: „Ja, was meinst denn Du?
Sollen denn die Kinder heut zu Tage ohne Schulunterricht auf=
wachsen, etwa wie die Huronen, Baskiren und Lappländer?"

Doch, Du willst mich mit Deiner erzwungenen Frage nur
necken. Du weißt ganz gut, daß ich von jeher die Schulen für
eine Nothwendigkeit erklärt und ihnen jederzeit mit Begeisterung
und Ueberzeugung das Wort gesprochen habe. Und Schulen
hat man gehabt, ehe der Staat an solche gedacht, oder sich um
sie irgendwie bekümmert hat. Und Schulen wird man haben,
wenn der Radikalismus, näherhin der heut zu Tage gang und
gäbe Sackradikalismus längst im „stillen Grabe" ruht.

Allein schon aus meinem ersten Briefe hast Du entnehmen
können, daß ich nicht vom Schulwesen überhaupt so rede, son=
dern eben vom Schulwesen in seiner jetzigen Gestaltung. Dieses
erkünstelte, unpraktische, religionslose, neuheidnische Staatsschul=
wesen, dieser heillose Zwang, der heut zu Tage unter dem Deck=
mantel „der Schule" auf dem einfachsten Bürger ruht, wird
niemals Gegenstand meiner Begeisterung sein.

Nein! Wie mich von jeher alles Modeartige, Erzwungene,
Gekünstelte, nur nach einem und demselben Schnitt Gefertigte
und Gemodelte, und daher Langweilige zuwider war und an=
ekelte, so auch unser jetziges Staatsschulwesen, das nach den
Grundsätzen des heutigen neuheidnischen, religionslosen Staates
zugeschnitten, durch starre, geisttödtende und alles individuelle
Leben erstickende Schulpläne, Schulordnungen, Schulorganisatio=
nen und Rathserlasse eingeschränkt wird, und das man daher
füglich eine Geistestyrannei nennen darf, der sich jeder freige=
borne Bürger billig schämen muß.

Von diesem Standpunkte aus schreibe ich für die Freiheit
der Schule vom Staatsjoche, für Freiheit der Familie von
der geistigen Staatsbevormundung, die alles Sonderleben, jedes

eigenthümliche Streben, jeden selbstständigen Geistesschwung lähmt und ertödtet, und eine Charakterlosigkeit erzeugt, die zur Sklaverei führen muß. Ich will Dir zur Erhärtung meiner Behauptung einen Gewährsmann anführen, dessen Zeugniß gewiß unverdächtig genug ist, nämlich Verhaegen, den Großmeister der belgischen Logen. Dieser erklärte s. Z. in der Kammer offen: „Der Staatsschulzwang ist ein Stück alter Thrannei von Sparta her, und ein Probestück, das folgerichtig zum Kommunismus führt."

Ein anderes liberales Kammermitglied sprach: Der Staatsschulzwang paßt in eine spartanische Gesetzgebung, und am allerbesten in die Verfassung des chinesischen Mandarinenthums.

Ja erst jüngst nahm in der gleichen Kammer Belgiens ein Herr Primez, bei Berathung des Budgets für das Ministerium des Innern, Anlaß: „den Schulzwang als eine Beeinträchtigung der persönlichen Freiheit und ein Vergreifen an den heiligsten Rechten der Eltern zu erklären, ihre Kinder nach ihrem Gutdünken zu erziehen."

Das, Freund Ariost, sind Gewährsmänner aus einem Lande, wo der Liberalismus an allen Hecken wächst, und das als Hauptbollwerk des Radikalismus gilt. Unsere liberalen Staatskünstler rühmen sich, in einem freien Lande zu regieren, und stecken bei all' ihrem Freiheitsgelärm und trotz Liberalismus schon die Kinderwelt in eine Zwangsjacke. He! wo ist da die gepriesene Freiheit? wo die freie Selbstbestimmung des Bürgers, von der man auf allen Schützen- und Sängerfesten, und in allen Rathsversammlungen den Mund zum Ueberlaufen voll nimmt?

An eine solche Freiheit glaub' ich ebensowenig, als ich glaube, daß die Frösche Schwänze haben und fliegen können.

Aber Du hast mir schon früher einmal, als ich mit Dir mündlich über diesen Punkt der Lehr- und Lernfreiheit sprach, gesagt: „Der Staat habe ein Recht auf die Schule."

Diese Phrase ist freilich nicht in Deinem Garten gewachsen, sondern Du hast sie von unserem Geldsackradikalismus entlehnt, der sie Land auf und ab, in allen Rathsversammlungen und Bierkneipen zum Besten gibt, bis selbst unbefangene Bürger meinen, es sei dem wirklich so. Allein ich frage: Woher stammt denn das Recht des Staates auf die Schule? Hat er etwa die Schulen gegründet? Nein! und zum hundert und einten Mal: Nein! Das Schulvermögen ist zum größern Theil Kirchengut, oder aus frommen Vermächtnissen und Schenkungen entstanden. Auch sehr viele, ja die meisten protestantischen Schulen verdanken ihr Vermögen dem katholischen Kirchengut, das in der sogen. Reformationszeit einfach mit in den neuen Glauben hinübergezogen wurde. Wahrlich es kann kein vernünftig Denkender dem Staate ein Recht auf die Schule einräumen, auf Grund dessen, daß der Staat Staat ist. Oder soll dieses Recht etwa begründet sein in den paar tausend Fränklein, welche die Regierung in neuester Zeit aus dem geduldigen Steuerbeutel der Bürger für Erziehungszwecke ausgegeben hat? Das wäre mir eine recht hübsche Staatsrechtslehre, eine Lehre, welche nach dem Grundsatze des Krispinus riecht, der zuerst Andern das Leder nahm, um dann daraus für die Armen Schuhe zu flicken.

Woher nimmt also der Staat sein vorgebliches Recht auf die Schule? Woher anders, als aus der Rumpelkammer der Allgewalt, der Willkür und der Annexion. — Doch Du wirst für diesmal genug haben. Es wäre mir sehr erwünscht aus Deinem nächsten Briefe zu vernehmen, auf welche Rechtslehre Du Deine obige Behauptung, als habe der Staat ein Recht auf die Schule, eigentlich wenigstens zum Schein stützen möchtest.

Dein Freund

Veritabel..

Dritter Brief.

Habe Dank, Freund Ariost! Du hast die Katze aus dem Sack gelassen, und meinen Wunsch erfüllt.

Also das ist der Rechtsgrundsatz, womit Du das jetzige Staatsschulwesen, resp. den Staatsschulzwang stützen möchtest, nämlich die Behauptung: „Das Kind habe ein natürliches Recht auf den Unterricht, also habe der Staat ihm zu diesem Rechte zu verhelfen."

Dieser scheinbar richtige, ich sage ausdrücklich scheinbar, richtige Grundsatz ist das eigentliche Schlagwort des Sackliberalismus allüberall, wo es sich darum handelt, das Alleinrecht des Staates auf den Unterricht zu vertheidigen, d. h. zu vertheidigen den unerhörten staatlichen Schulzwang, der eine Schande für ein freies Land und freie Bürger ist, zu vertheidigen die Generalschulmeisterei, die alles Recht der Eltern auf ihre Kinder über den Haufen stößt. — Zum Glück ist dieser Grundsatz des Liberalismus, wie der Liberalismus selber, zweideutig.

Verstehst Du darunter, daß der Staat das Recht habe, Schulen zu gründen, damit jeder Unterthan die Möglichkeit habe, sich unterrichten zu lassen, so könnte ich das noch hingehen lassen. Die Schule wäre wenigstens damit noch nicht ganz der Allesgleichmacherei, dem Kommunismus überliefert, und der Schulzwang in die Staatsschulen nicht gemeint, sondern noch etwas Freiheit für Bürger und Gemeinde übrig gelassen.

Willst Du aber obige Frage dahin auslegen: der Staat habe die Pflicht, in allen Fällen und zwangsweise dafür zu sorgen, daß jeder Bürger durch seine, d. h. durch Staatsschulen „in den Besitz eines wünschenswerthen Wissens" gelange, so hieße das gerade so viel als wenn er befehlen würde: Jeder Bürger müsse in den Besitz von 10,000 Frs. Vermögen gelangen, denn das wäre ja auch wünschenswerth, ja sogar sehr wünschenswerth. Ein solcher Befehl ist aber eine Lächerlichkeit, folglich auch der Grundsatz in gegebener Auslegung.

Du weißt aus der Geschichte so gut als ich, daß außer in Sparta, sowohl im altheidnischen, als im christlichen Staate der Familienvater das Recht und die Pflicht hatte, seine Kinder zu ernähren und zu belehren, oder belehren zu lassen, wo, und wie er wollte. Geistes- und Körperpflege gehörten, wie es die Natur der Sache mit sich bringt, in's Familienrecht.

Warum soll es nun gerade die Geistespflege sein, nämlich Lehre und Unterricht, welche der Staat mit solcher Vorliebe und Bekümmerniß unter seine Fittige nimmt? Warum übernimmt er nicht auch die Körperpflege, nämlich Nahrung, Kleidung, Obdach, Waschen, Kämmen, Putzen u. s. f. Sagte doch einst ein gewaltiger Machthaber: Der Magen sei das Erste, für das ein guter Staat zu sorgen habe.

Nun kann der Gewaltige den Staatsmagen, d. h. die

Staatskasse, gemeint haben, und für diese haben unsere steuer=
belasteten Bürger eifrig genug zu sorgen; doch er meinte ohne
Zweifel eher den Magen der Bürger, und dann gebührt ihm
wenigstens das Lob der Folgerichtigkeit.

Offenbar gehen Geistes= und Leibespflege Hand in Hand;
also auch Lehr= und Nährzwang, Lehr= und Nährfreiheit. Beide
Freiheiten und Rechte liegen der Familie ob. Will nun der
Staat Staatsschulen haben, in die zu gehen er freigeborene
Bürgerkinder zwingt, warum errichtet er dann nicht auch neben
jedem Schulhause, als öffentliche Staatslehranstalt, eine öffent=
liche Staatsnähranstalt?

Staatsschulen und Staatssuppenanstalten sind zwei durch=
aus von einander unzertrennliche Dinge. Eines ohne das andere
ist eine unerträgliche Inkonsequenz, dessen sich ein sogenannter
liberaler Staat um so weniger sollte zu Schulden kommen lassen,
als er ja sonst aufhört, liberal zu sein. — Will er aber, um
liberal zu bleiben, die Sache wirklich einführen, d. h. neben dem
Unterricht der Kinder auch für ihre Ernährung, Kleidung und
Herberge besorgt sein, dann dürfte er wohl seine Steuern um
das Zehnfache erhöhen, und er hätte nicht bloß eine Staats=,
Salz=, Getränke= und Hundesteuer, sondern noch hundert andere
nöthig; und diese aufzutreiben möchte ihm unter sothanen Um=
ständen etwas schwierig werden. Doch er überläßt diese Kosten
für die Leibespflege wohlweislich den Familienvätern. Dagegen
nimmt er sich in seiner ungeheueren Liberalität heraus: die
kinder= und steuergesegneten Familienväter mit Geldstrafen und
Gefängniß zu zwingen, ihre Kinder in seine Schulen zu schicken,
die er mit religionslosen Schulbüchern ausstattet, natürlich aber=
mals auf Kosten der Familienväter, und mit Lehrern zu besetzen
sich anschickt, zu welchem gar viele Familienväter durchaus kein
Vertrauen haben, während er die Lehrschwestern, welche ganze
Landestheile und Kantone wünschen, vom Lehrfache ausschließt.

Demnach begeht der radikale, oder wenn Du's lieber hörst,
der liberale Staat eine schändliche Benachtheiligung und ein
schreiendes Unrecht an den Familienvätern, wenn er sie zwingt,
ihre Kinder in die Staatsschulen zu schicken, und die Kinder nicht
auch nährt, kleidet und beherbergt. So lange der Staat dem
Vater nicht die Pflicht abnimmt, und nicht abnehmen kann, dessen
Kinder zu ernähren, so lange bleibt dem Vater das Recht und

die Pflicht, seine Kinder selbst oder durch solche zu belehren, die er will. Das wird Dir für einmal klar sein. Und wenn umgekehrt es weder in der Aufgabe noch in der Pflicht des Staates liegen kann, seine Unterthanen leiblich zu ernähren, und der Staat eine solche Pflicht stets von sich gewiesen hat, so sind die Unterthanen auch nicht verpflichtet, sich von ihm geistig ernähren zu lassen, d. h. die von ihm bevormundeten Schulen zu besuchen. Es ist vielmehr Sache jedes Einzelnen, sich geistig und leiblich zu befähigen, wie und wo er will, d. h. in Schulen, die ihm gefallen.

Nun könntest Du mir mit einem Einwurfe, wie mit einer gezogenen Armstrongkanone ins Feld rücken und mir zudonnern, daß mir Hören und Sehen vergienge: Ja, aber wenn es einzelne Staatsangehörige gänzlich unterließen, die Schulen zu besuchen?

Darauf erwiedere ich Dir mit meinem alten, ungezogenen Standstutzer: Damit hats keine Noth, und heut zu Tage schon gar nicht. So wenig ein Bürger es unterläßt, sich zu ernähren, d. h. so wenig Einer leiblich verhungern will, ebenso wenig wird er es unterlassen, da wo ihm die Möglichkeit geboten ist, sich geistig zu ernähren. Und Schulen hats ja bei uns überall. Jeder Bürger kann seine Kinder schulen lassen, wenn er will, und an diesem Willen fehlts heut zu Tage durchaus nicht; denn so weit ist unser Volk geistig vorwärts, daß nach seiner Einsicht Schulkenntnisse für Jeden zu seinem Auskommen nöthig sind.

Doch ich gebe noch zu, es könnte, wenn der Schulzwang nicht bestände, noch einzelne nachläßige Familienväter geben, welche ihre Kinder nicht so regelmäßig zur Schule schickten, wie sie jetzt müssen. Was dann? Gienge deshalb der Staat zu Grunde? Gewiß nicht; denn er hat Jahrhunderte und Jahrtausende bestanden ohne Schulzwang. Ob er jetzt, wo wir seit mehr denn dreißig Jahren den Schulzwang haben, besser regiert wird, das Volk glücklicher und zufriedener, der Armen und Unglücklichen weniger, der Schelmen und Schwindler, Lumpen und Spitzbuben minder, und die Verbrechen nicht so zahlreich geworden, das liegt noch sehr in Frage, und an Dir wär's, es mir erst nachzuweisen, und das möchte Dir angesichts unserer jetzigen Verhältnisse vielleicht etwas schwierig werden.

Die Schule muß frei sein, d. h. es muß Lehr- und Lernfreiheit herrschen. Das allein ist eines freien Schweizerbürgers würdig. Staatsschulzwang und Staatsschulmonopol, wie wir's jetzt besitzen, die Kinder in Schulen hinein landjägern, wo die Familienväter weder mit dem Vielerlei des Unterrichts, noch mit der Art und Weise, wie dieser Unterricht ertheilt wird, noch viel weniger mit dem Neuheidenthum, der Entchristlichung und Religionslosigkeit, in welche unser Schulwesen mit Gewalt hinein getrieben wird, einverstanden sind, dieser Zwang gehört ins altheidnische Sparta oder unter die neumodische Knutenherrschaft des russischen Polenwürgers.

Wenn heute oder morgen Du und ich und einige Andere eine Schule errichten wollen auf unsere Kosten, oder eine ganze Gemeinde eine Schule errichten will, so sollen wir das Recht haben, unsere Kinder in dieser von uns errichteten Schule erziehen zu lassen, wie wir wollen, ohne unter staatlicher Bevormundung zu stehen. Eine solche Geistesknechtung von staatlicher Bevormundung heißt ebensoviel, als ob kein Mensch, als nur etwa neun oder elf hochwohlweise Oberschulkontrolöre mit ihrem theuren Heer von Bezirksschulkontrolören oder Inspektoren allein im Stande wären, über die Sache der Erziehung ein endgültiges, Bürgerwohl beförderndes Urtheil abzugeben. Pfui einer solch geistigen Bevogtigung! Als ob die ganze Zahl der übrigen Bürger bloße Häfelischüler, oder erst gestern aus Abdera oder Honolulu eingewandert wären.

Uebrigens, lieber Ariost, gibt es ja Länder Europas, wie Frankreich, England, Belgien u. s. f., wo der Staatsschulzwang und das Staatsschulwesen in der Form, wie bei uns, nie existirt hat, und wo das Volk geistig ebenso geweckt und fortgeschritten ist, wie in unserer fortschrittlichen Schweiz. Wenigstens wirst Du nicht in Abrede stellen können, daß der Liberalismus gerade in jenen Ländern Europas zu Hause ist, wo der Staatsschulzwang nicht besteht. Und wenn es richtig wäre mit Deinem Grundsatz: die Kinder seien pflichtig, beziehungsweise die Bürger von Staatswegen zu zwingen, ihre Kinder in die Staatsschulen zu schicken, wie stünde es dann um jene Angehörigen unseres Staates, welche in Ländern wohnen, wo kein Staatsschulwesen und kein Schulzwang besteht? Siehst Du da, wohin Dein freiheitsmörderischer Staatsschulzwang führt? Also fällt Dein Einwurf dahin und widerlegt sich durch die Erfahrungsthatsache aus allen nichtdeutschen Ländern. Aber auch Amerika, sage das freie Amerika, vor dessen Einrichtung unsere Helvetia immer gehorsamst und voll Ehrfurcht den Nacken beugt — unsere sogenannte Schwesterrepublik kennt den Schulzwang nicht; noch viel weniger das Staatsschulmonopol, gegen welches eigentlich mein Kampf geht. Und doch wirst Du keineswegs behaupten wollen, die amerikanischen Republikaner seien ungebildeter als wir Schweizerrepublikaner.

Ich sage darum abermals: Lasse man nur unsere Familienväter ein wenig vom Baume der Freiheit verkosten und es wird sich zeigen, daß die Freiheit wohlthätiger und heilsamer auf Väter und Kinder wirkt, als aller Schulzwang und das Staatsschulmonopol.

Zum Ueberfluß noch ein handgreifliches Beispiel für das wohlthätige (!) Nachwirken des Schulzwanges, und zwar aus dem schweizerischen Kultur- und Musterstaat Aargau. Hier ist bekanntlich das Staatsschulwesen und der Schulzwang seit den dreißiger Jahren ins Kraut geschossen, wie sonst nirgends. Nun hasts wohl Du, wie ich, seiner Zeit gelesen, daß daselbst unter den sonst wohl geschulten, von augustinischen Lehrjüngern herangebildeten Rekruten eine große Anzahl gar nicht, eine noch größere Anzahl nur sehr mangelhaft und schlecht lesen, schreiben und rechnen konnte. Aehnliches berichteten die Zeitungen auch aus anderen sogenannten liberalen Kantonen. Woher diese Erscheinung?

Hilf, Staatsschulmonopol und Zwangsjacke!

Einfach daher, weil dieses Zwangsschulwesen den Jungen das Lernen so verleidete, daß sie, einmal der Schule entlassen, gar nichts mehr für ihre Fortbildung thaten.

Ich hoffe, Du bist wieder um Etwas belehrt. Es gibt eben eine Logik der Thatsachen, wie es Thatsachen der Logik à la zweimal zwei sind vier gibt, und von diesen schreibt Dir später

Dein Freund

Veritabel.

Vierter Brief.

Heute schneits und stürmts so arg, daß es ein Graus ist, und man kaum den „Bello" vor die Thür hinauslassen darf. Du kannst Dir leicht vorstellen, daß ich keine Lust zum Ausgehen verspüre, sondern gern im warmen Stübchen drin sitze und froh bin, seiner Zeit in der Schule schreiben gelernt zu haben. Nach dem Mittagstische las ich Deine Antwort auf meine früheren Briefe, und ich bewundere Deine Bescheidenheit und Gerechtigkeitsliebe, womit Du meine Auseinandersetzung vom Rechte des Familienvaters auf die Erziehung seiner Kinder gelten lassest. Die Gründe, die ich angeführt, sind aber auch für jeden Billigdenkenden, der nicht durch eine schwarz gefärbte Parteibrille schaut, sondern unbefangenen Blickes ist, hinreichend und überzeugend.

Ich habe Dir schon früher bemerklich gemacht, daß unsere einfachsten Bürger und Bauersleute durchaus keine barbarischen Seldschucken oder Kalmücken sind, die einen Gelehrten oder Schullehrer schinden würden, um seine Haut zu Schürzen zu gerben. Im Gegentheil! Auch der einfachste Bauersmann ist von der Wohlthat des Schulunterrichts überzeugt, ja wie ich oben gesagt und schon häufig erfahren, er ist sogar von der Krankheit der Schulwuth ergriffen. Ist aber der Bauer einmal von etwas Nützlichem und Gutem überzeugt und eingenommen, dann läßt er nicht so leicht davon wie etwa ein beweglicher, wetterlaunischer Städtler. Es ist also gar keine Gefahr vorhanden, daß unsere Schulen entbölkert würden, wenn kein Staatsschulzwang bestünde, und das Schulwesen der freien Entschließung der konfessionellen Gemeinde übergeben wäre.

Meine Ueberzeugung geht vielmehr dahin: daß die Schule entschieden gewinnen, daß sie doppelt mehr leisten würde als freie Lehranstalt, als Pflegekind der Bürger, denn als eine sklavische Einrichtung, wie sie es jetzt unter dem Staatsfittig und der Staatsbevogtigung ist.

Je mehr der Bürger zur Schule zu sagen hat, desto größer ist sein Interesse daran, desto mehr wird er sich um sie bekümmern, und um ihre Hebung besorgt sein.

Und wenn es, nach Deiner eigenen Bemerkung, auch jetzt

noch, trotz dem Schulzwange, Einzelne gibt, die lässig sind im Schulbesuche, ja auf diese und jene Art das drakonische Schul=
zwangsgesetz zu umgehen wissen, so beweist das eben, daß man auch den unterwürfigsten und kriechendsten Geist durch die schärfsten Strafgesetze nie ganz knebeln kann; und daß der staatliche Schulzwang nie vollkommen seinen Zweck erreicht. Die Er=
fahrung lehrt vielmehr, daß moralischer Zwang es im Allge=
meinen viel weiter bringt, als starre papierne Strafgesetze. Ich will zum Beweise hiefür nur eine einzige, aber glänzende That=
sache aus der neuesten Zeit Dir vor Augen halten.

Es ist Dir bekannt, daß Preußen, dieser protestantische Musterstaat, ja der Intelligenzstaat katexochen, den Schulzwang besitzt, freilich nicht im Sinne unserer liberalen Schweizerfreiheit=
ler, weil in Preußen wenigstens kein Staatsschulmonopol herrscht, sondern Lehrfreiheit. Frankreich dagegen kennt den Schulzwang nicht, sondern der größte Theil seiner Schulen sind konfessionelle Freischulen. Nun ist statistisch nachgewiesen, daß in Frankreich wirklich verhältnißmäßig mehr Kinder die Schulen freiwillig be=
suchen, als in Preußen gezwungen. Das ist denn doch, Freund Ariost, zum „hinterdenklich" werden.

Aber wehe! Eiskalt fährt's mir über den Rücken hinunter, da ich in Deinem Brieflein folgenden Einwurf lese: „Der Staat muß doch gewissenlose Väter ebenso gut zwingen können, ihren Kindern Erziehung und Unterricht angedeihen zu lassen, als er verschwenderische Familienväter unter staatliche Bevogtigung stellen darf. Oder sollte der Staat nur gegen materielle Be=
einträchtigung sicher stellen dürfen?"

Lieber Scholarche Ariost! Wärest Du nicht ein Schul=
mann durch und durch, ich würde glauben, Du triebest mit diesem Einwand für den Staatsschulzwang nur Spaß. So aber muß ich gern oder ungern annehmen, es sei Dir heiliger Ernst damit.

Allein erlaube mir, Dich vor Allem auf Etwas aufmerksam zu machen. Erinnere Dich nämlich, daß wir seiner Zeit im Philosophensaal (o selige Zeiten!) mit einander die gleiche Logik studirt. Nun kann ich angesichts jener einst so schlagenden Logik durchaus nicht klug werden aus der Deinen, die Du in obigem Satze zur Anwendung gebracht; denn für die Alleinberechtigung des Staates auf die Schule, resp. den Schulzwang, beweist

Dein Einwurf keinen Deut. Er hat aber auch die Erfahrung gegen sich, denn:

Die Erfahrung lehrt uns genugsam, daß der Zwang in eine Staatsschule unter Umständen die schreiendste sittliche Beeinträchtigung und den grausamsten Gewissenszwang mit sich führt. Ich könnte Dir hierüber einige amüsante Beispiele aus unseren sogenannten liberalen Kantonen zum Besten geben. Aus vielen nur Eines.

Da lese ich z. B.: daß die protestantische Regierung von Appenzell Außer-Rhoden die **katholischen** Kinder vermöge des Schulzwanges zwingt, bis zum sechszehnten Altersjahre die **protestantischen** Schulen zu besuchen, trotz der Einsprachen katholischer Familienväter.*)

Ist das Toleranz? Ist das Gewissensfreiheit? Die vom Protestantismus so hoch gepriesene Gewissensfreiheit? — Zu was führt da der Schulzwang?

Ich will andere Beispiele gleicher Art übergehen, sonst müßte ich etwas persönlich werden, und das vermeide ich absichtlich und bleibe rein bei der Sache.

Nun abgesehen von den Thatsachen der Erfahrung leidet Dein Einwurf noch an einer anderen Schwäche. In ihm liegt nämlich ein sogenannter logischer Sprung. Du erinnerst Dich gewiß noch, wie uns am alten Homer, dem liederlichen Horaz und dem hochpoetischen Pindar und anderen Dichtern schon bloße lyrische Sprünge zuwider waren; aber erst ein **logischer** Sprung, das ist ein unverzeihlicher Schnitzer, und gar nicht anwendbar Leuten gegenüber, welche die Denkgesetze studirt haben. Es ist aber offenbar ein logischer Sprung, eine unüberbrückbare Kluft und ein gänzlicher Fehlschuß aus dem Hinterlader Deiner Beweisführung, wenn Du, was vom Materiellen gilt, so mir nichts Dir nichts aufs Geistige überträgst, d. h. wenn Du aus dem Recht der staatlichen Bevormundung des Bürgers in materiellen Dingen auch ein Bevormundungsrecht des Staates in geistigen Dingen abfolgern willst.

Halt ein, Freund! Es gienge, aber es geht nicht!

Aber auch von diesem Fehlschuß abgesehen hinkt Dein stelzfüßiger Beweis noch auf einer anderen Seite. Ich will Dir

---
*) N. Tagblatt der östl. Schweiz, Nr. 22, Jahrg. 1868.

zugeben: daß der Staat einen Bürger, beziehungsweise dessen Vermögen unter staatliche Bevogtigung stellen könne. Allein unter was für Bedingungen und Umständen? Doch offenbar nur dann, wenn der Bürger geradezu an seinem Vermögen, seiner Familie frevelt, d. h. sein Vermögen absichtlich zu Grunde richtet, so daß er und seine Familie über kurz oder lang der Armenlast der Gemeinde anheim fällt.

Mag auch ein Familienvater seinen Kindern kein einziges Fränklein ersparen, mag er auch durch Unverstand, Ungeschicklichkeit und gefehlte Unternehmungen Hunderttausende rückwärts hausen, mag er durch Unglücksfälle Alles verlieren, auf die Gant und dadurch seine Familie auf die Bettelgasse oder ins Armenhaus kommen, so wird er deshalb gewiß nicht unter staatliche Bevogtigung gestellt. Oder hast Du jemals so was gehört?

Nur wenn ein Bürger ein offenbarer Verschwender ist, wenn er, wie schon gesagt, absichtlich, böswillig und aus Liederlichkeit sein Hab und Gut verschleudert, nur in diesem Falle würde, und zwar ausdrücklich auf Antrag von Frau und Gemeinde hin, die Bevogtigung über ihn verhängt.

Und so muß es auch auf geistigem Gebiete sein!

Oder sag mir aufrichtig: Woher hat der Staat das Recht, gleich zum Vornherein alle -Eltern ohne Unterschied unter geistige Bevogtigung zu stellen, wie er das durch den Schulzwang und das Staatsschulmonopol thut? Ist eine solch geistige Bevormundung nicht ungerecht? Führt sie nicht zum Kommunismus und zur Vernichtung aller bürgerlichen und sittlich-geistigen Freiheit?

Solche Grundsätze des Maulkorbsystems kann man höchstens bei wuthverdächtigen Vierfüßlern (verzeih mir den Vergleich, er ist etwas trivial, aber zutreffend), solche Zwangsjacken höchstens bei bösartigen Narren zur Anwendung bringen, aber doch sicherlich nicht bei vernünftigen, freien, ruhigen Bürgern. Und doch hat der sogenannte liberale Staat das Unglaubliche bei uns und anderwärts geleistet. Er hat die Gesetzgebung Lykurgs, welche die Heloten erzeugte, auf die freie Schweiz angewendet, zur unauslöschlichen Schmach aller Freiheitsideen und zur Entlarvung all der heuchlerischen Maulhelden, welche an eidgenössischen und kantonalen Schützen-, Sänger- und Lehrerfesten die Freiheit (natürlich die Freiheit im Sinne des Radikalismus) hoch leben laſſen, und nebenbei die freie Selbſtbeſtimmung des Bürgers morden und dem Recht des Familienvaters Hohn ſprechen, indem ſie ſeine Kinder in die ſtaatliche Zwangsſchuljacke ſtecken. Ja, durch den Schulzwang ſind ſämmtliche Familienväter, ſämmtliche kinderbeglückte Schweizer für geiſtig unmündig erklärt — geiſtig bevormundet. Eine Schande für freie, denkende Bürger!

Lieber Freund! Ich bin, und merk's erſt jetzt, nachdem ich das Geſchriebene überleſe, ich bin etwas wärmer geworden, als ſonſt. Aber wer will's einem freiheitsliebenden Schweizer verargen, wenn er dieſen harten Druck, dieſen unvernünftigen Zwang, dieſe grauſame geiſtige Knechtung, dieſen Verluſt der geiſtigen Freiheit, dieſe Gewiſſensjacke auf ſeinen Mitbürgern laſten ſieht. Du weißt, ich habe keine Kinder — aber ein Herz, um für das Wohl und Wehe Anderer mitzufühlen. Und ich fühle lebhaft mit bei Betrachtung dieſes unerhörten Zwangs, der nicht bloß die Familienväter, ſondern ſchon die unſchuldige Kinderwelt beengt; ſchmerzlich muß es einem das Herz durchbohren, wenn man vorausſehen muß, was für ein charakterloſes, unſelbſtſtändiges, unpatriotiſches Geſchlecht aus dieſer Jugend heranwachſen muß, wofern dieſe unwürdige geiſtige Bevogtigung, dieſe Laſt des Staatsſchulzwanges und des Staatsmonopols länger fortbeſtehen ſoll.

Du wirſt für dies Mal genug haben, wie auch genug hat Dein Freund

Veritabel.

Fünfter Brief.

Wer von uns hat nicht geſchwärmt und ſchwärmt noch für den Freiheitsſinn und den Heldenmuth unſerer Ahnen? Dieſer Sinn, dieſe Begeiſterung für Freiheit war es, die ſie beherzt machte und kräftigte in Glück und Unglück. Dieſes Freiheitsgefühl ſtählte ihnen Herz und Hand, um mit Gottes Hilfe und ſchwacher Kriegerzahl jene herrlichen Siege bei Morgarten, Laupen, Sempach, Näfel's, Grandſon u. ſ. f. zu erringen, jene Siege, die als unverwüſtliche Denkmale männlichen Heldenmuthes vergangener Geschlechter dastehen und uns jetzt noch für die Freiheit begeistern.

Haben aber unsere Ahnen ihre Begeisterung und ihren Heldenmuth etwa in Zwangsschulen geschöpft und obligat anerlernt, wie unsere Maultrommler an rebensaftigen, lärmenden Schützen= und Sängerfesten? Nein, beim Münchner Zeus! Nicht aus Henne, Zschokke, Daguet und Propst hätten unsere Väter ihren Heldenmuth gesogen, auch wenn sie dazumal schon geschrieben gewesen wären; nicht in staatlichen Zwangsschulen, sondern ihr Heldenmuth hatte seine Quelle in der Freiheit, in den freien Einrichtungen des Staats und in der Religion, die der Liberalismus aus den staatlichen Zwangsschulen zu verbannen sucht. Ja ich bin lebendig überzeugt, sie hätten sich nie in die Zwangsjacke kommunistischer, religionsloser Staatsschulen stecken lassen. Nein! so tief, so schmählich tief hätten sie sich nie heruntergewürdigt! Das blieb unserem liberalen Maulheldenthum, dem Zeitalter der Schulwuth vorbehalten. Und gerade dies beweist uns, wie tief unser Geschlecht gesunken, wie sehr ihm das Gefühl, der Sinn für Freiheit abhanden gekommen.

Hoffen wir, daß sich „die Zeiten ändern und die Menschen mit ihnen"! daß die Freiheit vom Staatsschulzwange uns wieder erblühe! Geht diese Hoffnung zu Wasser, dann, lieber Ariost! dann steht unsere freiheitliche Schweiz an der Schwelle monarchischer Einrichtungen, wobei es natürlich einerlei, ob einer oder sieben Köpfe mit einander das Regiment führen. Nur ein Schritt, und wir sind eines schönen Morgens unter hochrothen oder schwarzweißen Schlagbäumen angelangt. Dann mag die alte Jungfer Helvetia auf unsern Fränklein statt den langen Arm in „nebelgraue Ferne" auszustrecken, viel eher ihr schambedecktes Gesicht verhüllen, wenn sie überhaupt dann noch einer Schamröthe fähig ist. Ja, Freund, wir sind jetzt schon weit, recht weit gekommen. Ich will Dir das, d. h. diese Allregiererei selbst ins Kleinlichste hinein, diese Geistesbevogtigung, wie sie kaum in einem altheidnischen Staate je geblüht, an einem Beispiele klar vor Augen legen.

Es sind jetzt bald zwei Jahre verflossen, seitdem ich den guten Kornelius Nepos vom Büchergestell herunterlangte. Ich las ihn wieder mit neuem Genuß und ward beim Durchlesen des Lebens eines Lysander und Agesilaus wieder in die alte

Welt versetzt und unwiderstehlich zog's mich in die Stadt des gestrengen Herren Lykurg. Auch Xenophons Cyropädie rief mir das Staatsleben der persischen Bürgerschaft mit ihren Zwangserziehungsanstalten vor Augen. Ich sah im Geiste all die lebensfrohen Jungen in ihre strengen Ephobien eingezwängt, wie sie da dem schachtelmäßigen Wissen nachjagen, turnen und den Staatssuppenlöffel handhaben mußten. Mehr denn einmal erkannte ich die Aehnlichkeit dieser Einrichtungen mit den unseren, wie sie unsere Schulzwängler und Erziehungskünstler beim Ausbau ihrer Erziehungsgrundsätze und Schulordnungen auf unsere Verhältnisse übertragen zu haben scheinen. Ich sehe darum in unserem heutigen Zwangsschulwesen gar nichts Neues; die altheidnischen und unsere jetzigen neuheidnischen Schulen gleichen sich in ihren Grundlagen auf's Haar, einzig den Staatssuppenlöffel ausgenommen.

Bei aller Schönheit der Sprachform, in welcher jene Grundsätze aufgetischt werden, blieb ich kalt und antipathisch gestimmt, auch wenn mich meine zeitweise lebhafte Phantasie mitten in die Staatserziehungsanstalten Altpersiens oder Lacädemons versetzt hatte, — und ich bekenne Dir offen, hierin liegt auch der Grund, warum ich, auch wenn ich mich in den Standpunkt eines neuheidnischen Erziehungskünstlers hineindenke, mich nie und nimmer für das jetzige Staatsschulwesen, oder gar das vielfach angestrebte Bürgerschulwesen mit dem heillosen Schulzwang werde begeistern können.

Ich konnte und kann mich auch jetzt nicht des bemühenden Gedankens entschlagen: Was war Persien anderes, als eine Despotie? Und das Despotieschulwesen sollte in unsere freiheitliche Schweiz passen? Pfui!

War Sparta etwas anderes, als eine Despotie, auch wenn gewöhnlich mehr als ein Kopf regierte? Und eine lykurgische Erziehungsweise sollte Platz haben neben der Freiheit der Schweizerbürger? Wahrlich! dann gute Nacht, Freiheit.

Die Ephoren machten auf mich den Eindruck von gewissen Räthen, die alle Bürger unter einem Hut und nach demselben Model erzogen wissen möchten; die kein anderes Gesetz kennen, als das des Staates, keine andere Majestät, als die ihrige, und keine andere Entwicklung des Bürgers, als die nach starren Vollziehungsverordnungen. Hat sich ja eine gewisse Erziehungsbehörde, im Jahrhundert der freien Forschung, so hoch in die blöden Höhen der niedern Chemie und Düngstoffwissenschaft verstiegen, daß sie es für unumgänglich nothwendig hielt, in einer eigenen gedruckten Verordnung vorzuschreiben: wie die Deckel über Nr. 100 beschaffen sein, und wie die sog. „Pissoir" angebracht und aufgestellt werden sollen, als ob dem „beschränkten Unterthanenverstand" der andern Landeskinder so was durchaus nicht überlassen werden dürfte. Riecht das nicht allzustark nach dem bekannten Ammoniak? Heißt das nicht seine erziehungsräthliche Nase in allzutiefe Tiefen stecken?

Mich und Dich mag's nur Wunder nehmen, warum der hochwohlweise, fürsorgliche Rath nicht auch vorgeschrieben hat: wie oft im Tag die Staatsbürgerkinder diesen Ort zu frequentiren haben.

Lieber Ariost! Verzeih mir dieses Beispiel; es riecht nicht gut; ist aber buchstäblich wahr, und es mag Dir zeigen, wohin unsere staatliche Zwangsschulmeisterei in ihrer unfehlbaren Weisheit noch gerathen kann.

Nun ists Samstag und da mach' ich, wie die Herren im Amte, halt auch Feierabend. Du wirst noch einige Hefte zu korrigiren haben, und Dich dann ganz gemächlich an die Verdauung dieser meiner Auslassungen über das Staatsschulwesen machen. Drum guten Appetit und lass' bald wieder etwas von Dir hören

Deinen Freund

Veritabel.

Sechster Brief.

Lieber Ariost! So ists wirklich gekommen, wie ich's ahnte. Du zeigst Dich in Deinem Brief schon etwas empfänglicher für manche Idee, die ich in meinen früheren Briefen ausgesprochen. Du lässest mancher ihre Berechtigung zu und das verdient meine Anerkennung; denn es ist mir ein Fingerzeig, daß Du Dich weder durch Parteidruck, noch durch Voreingenommenheit leiten lassest, sondern immer noch so viel Selbstständigkeit besitzest,

Deine eigenen Wege zu gehen, die andere sind, als die der Partei, welche Dir Dein täglich Brod gibt.

Nichts ergötzt mehr, als Abwechslung. Jede Ansicht hat ihre Berechtigung; jeder Ton eines Instrumentes hat etwas Eigenthümliches, Selbstständiges; sogar Mißtöne sind bisweilen am Platze. Sie vermitteln ja vielfach die Harmonie in einem musikalischen Satze.

So wie Du mich kennst, weißt Du wohl, wie ich jede vernünftige Ansicht achte, auch wenn sie nicht die meine ist, und daß ich denjenigen durchaus nicht verdamme, der nicht gleicher Ansicht mit mir ist. Und „was ich andern gewähre, verlange ich auch für meine Ansicht", sagte der alte Lobredner des Mä=zen in seiner „Dichtkunst". Warum ich mich zum Voraus so verschanze, merkst Du schon. Ich möchte mich eben schützen vor der Vehme des Sackliberalismus, der immer Zetter und Mordio schreit, sobald ein denkender Mensch eine ihm gegentheilige Mei=nung zu äußern wagt. Und das thue ich eben, wenn ich den Schulzwang und das Staatsschulmonopol antaste, oder besser bekämpfe. Ich weise nämlich nach, daß er nicht bloß unver=träglich mit der Freiheit und den Rechten der Familie, sondern auch zur Vernichtung alles Einzellebens, aller korporativen Selbst=ständigkeit, ja schließlich zum Sozialismus und Kommunismus führen muß.

Diesen letztern Beweis leiste ich Dir in den folgenden Brie=fen. Ließ ich in erster Linie mehr die Logik der Thatsachen sprechen, so soll die zweite Reihe nun etwas einläßlicher die Thatsachen der Logik beleuchten. Beide Gebiete lassen sich frei=lich nicht so haarscharf trennen, wie ein wissenschaftliches, gelehr=tes Buch thun müßte. Doch ich schreibe ja nur einem Freunde, und Du übst Nachsicht nach Freundesart.

Es heißt in einem lateinischen Sprüchwort: primum vivere, dein philosophari. Unser alter Professor übersetzte das zu un=serem schülerhaften Staunen immer mit: „Zuerst essen, dann lesen". Ich konnte mich anfangs mit dieser Uebersetzung nicht recht versöhnen, weil ich in meiner Buchstabenklauberei das pri-mum vivere mit „zuerst leben", und das dein philosophari mit „hernach philosophiren" verdeutschte. Seitdem ich aber schon etwelche Früchte „von des Lebens grünem Baum gekostet", über=zeuge ich mich immer mehr, daß die Uebersetzung wenn nicht wort=,- doch sinngetreu gegeben war. Und auch Du wirst es bei einigem Nachdenken als praktisch wahr anerkennen müssen, daß es im Allgemeinen weit wichtiger ist, Geld und Vermögen zu besitzen, als gut lesen, schreiben und rechnen zu können.

Wenn nun der Staat den Schulzwang und das Alleinrecht auf die Schule oder das Schulmonopol beansprucht, so soll er auch konsequent sein und alle Eltern nicht bloß unter geistige Bevogtigung stellen, wie er es wirklich mit dem Schulzwange thut, sondern er soll zugleich alle Bürger auch in materieller Beziehung bevormunden. Der Staat schreitet ein, wenn ein Familienvater so weit seine Pflicht vergißt, daß man seine Kinder für „verwahrloste" erklärt, wie man sie gegenwärtig in sog. Rettungsanstalten unterbringt. Allein Du wirst doch nicht behaupten wollen, daß Kinder schon verwahrlost sind, wenn sie nicht lesen, schreiben und rechnen können; sonst müßtest Du ja Lesen, Schreiben und Rechnen für nothwendige Eigenschaften eines Kindes erklären, um Mensch zu sein, und das wäre denn doch etwas stark.

Verwahrloste Kinder im eigentlichen und ‚buchstäblichen Sinne des Wortes besitzt höchstens der schulzwanggesegnete Kulturstaat im Armenhause zu W. Dieses stund aber, wie Du wohl weißt, nicht unter „barmherzigen Schwestern", sondern unter dem verlumpten Pf.

Durch den Schulzwang und das Staatsschulmonopol erklärt also der Staat alle Eltern zum vornherein für geistig unmündig, für geistig bevogtet und deren Kinder für verwahrloste. Wirklich ein schönes Kompliment für freie, ehrsame Bürger!

Sich selbst aber macht der Staat zu einem Allerwelts= Nacht= und Tagwächter, zu einem Generallandjäger, und die Schule zu einer allgemeinen Landesrettungsanstalt für all seine als „verwahrlost" erklärten Staatsbürgerkinder.

Konsequenterweise muß er nun, wie ich Dir schon früher andeutete, in jedem Schulhause zwei Abtheilungen erstellen: die eine Abtheilung für „die Köpfe", die andere für „die Töpfe"; die eine als „Lehr=", die andere als „Nähr"=Anstalt. Hat er einmal für ein allgemein landesgebräuchliches „Lehr=, Lese= und Gesangbuch" gesorgt, so muß er auch eine „allgemeine Landes= suppe" verabreichen, etwa gekocht nach dem Muster der ehemaligen Spartanersuppe.

Nur so wird die in unserer famosen Schulordnung geforderte „harmonische Ausbildung aller Anlagen und Kräfte" erreicht. O, was muß das für ein ergötzlicher und zugleich köstlicher Anblick sein: das Schulzimmer und daneben das Suppenzimmer, bevölkert von gesunden Schulzöglingen und wohlgenährten Suppenzöglingen; beherrscht vom Schullehrer und Suppenkehrer, überwacht von Staatsschulräthen und ausgerüstet mit Staatssuppengeräthen:

Ein Sangbuch, Eine Bibel, Eine Fibel,
Eine Suppe, Ein Löffel, Eine Kappe,
Ein Geist — und Ein Leist; —
Wir glauben all' an einen Gott,
Christ! Heid' und Türk' und Hottentot.

Lieber Ariost! Du meinst vielleicht, ich treibe an dieser Stelle Spott, oder es sei mir nur darum zu thun, unserem jetzigen Schulwesen eins anzuhängen und es ins Lächerliche zu ziehen.

Allein, Freund, verkenne mich nicht! Ich bin kein starrer Konsequenzler, aber Konsequenzen sind Ergebnisse der Logik, und die Logik ist eine Macht nicht bloß in der Philosophie, sondern auch im Leben. Darum verwahre ich mich gegen Deine Zumuthung, als ob die Sache des Schulwesens in meinen Augen nicht hochwichtig wäre. Wäre es dies nicht, ich hätte mir wahrlich die Mühe nicht genommen, dir diese Briefe zu schreiben. Allein ich versprach Dir in einem meiner früheren Briefe, den Unsinn und die Lächerlichkeit des Satzes bloßzulegen, den Du zur Vertheidigung des staatlichen Schulzwangs und des Staatsschulmonopols ins Treffen führtest, des Satzes nämlich: daß der Staat die Familienväter zwingen müsse, ihre Kinder in die Staatsschulen zu schicken. Und ich hoffe mein Versprechen gelöst zu haben und Du werdest zufrieden sein mit

Deinem Freunde

Veritabel.

Siebenter Brief.

Lieber Freund! Schenke mir geneigtes Gehör! Ich möchte Dir heute darzuthun versuchen, wie der Schulzwang und das Staatsschulwesen zum Sozialismus, oder besser zum Kommunismus führen müssen. Zu diesem Behufe ist's nöthig, einige Gewährsmänner vor dein bebrilltes Auge zu stellen.

Schon im Jahre 1844 trat in einer landwirthschaftlichen Versammlung der Akademiker Ramon de la Sagra, ein Erzliberaler, auf und machte zur Abhülfe gegen die Unwissenheit der Landwirthe und die Zerstückelung von Grund und Boden den Vorschlag: den Staat baldmöglichst zum Besitzer alles Landes zu machen und dieses durch landwirthschaftliche Ingenieure, die ihre Bildung in Staatsschulen erhalten, bebauen zu lassen.

Hier hast Du den ersten Schrei des Kommunismus! Bildung in Staatsschulen, Vernichtung alles Einzelbesitzes zu Gunsten des Staates, Herabwürdigung des Bürgers, beziehungsweise des Bauern zum Sclaven des Staates!

Noch schöner verherrlicht dieses Staatsschulwesen ein liberaler Belgier, Namens Agathan de Potter, der vor wenigen Jahren der belgischen Akademie eine Denkschrift überreichte, unter dem Titel: „Der Schulzwang". In dieser Schrift kommen Sätze vor, die unsere Sackpatrioten, Staatsschulzwängler und liberalen Baumwollenen „hinterdenklich" machen könnten, wenn sie überhaupt noch klar zu denken fähig sind.

Diese Sätze lauten:

1) „Das persönliche Eigenthum von Grund und Boden muß aufgehoben werden, weil es lediglich ein Monopol ist, dessen Ursprung und Erhaltung auf keine Weise gebilligt werden kann. Die Erde ist Eigenthum Aller, auf die Alle ein gleiches Recht haben und dieses muß gesammthaft ausgeübt werden zu Gunsten der ganzen Menschheit."

(Nicht wahr, das klingt prächtig, ihr Besitzenden und Staatsschulzwängler!)

2) „Der industrielle Fortschritt, die Anwendung der Maschinen ist heutzutage ein bloßes Mittel, die Arbeiter auszunutzen und zu unterdrücken und die Reichthümer der Kapitalisten zu vermehren. Die Gesellschaft muß so organisirt sein, daß die

Erfindungen, Verbesserungen und Maschinen nicht mehr bloß einer geringen Anzahl Vortheil bringen, sondern daß sie Allen nützen und Jeder den Beweis erhält dafür, daß es nach dieser neuen Organisation je mehr Maschinen, desto mehr Glückliche gibt."

(Was meint ihr dazu, ihr Herren Fabrikanten?)

3) „Der Arbeiter ist heutzutag ein an die Scholle der Werkstätte angebundener Sclave; er ist das Eigenthum des Herrn, der ihn beschäftigt und der ganz seinen Vortheil dabei findet, wenn er seinen Arbeitslohn immer mehr vermindert. Um diesen Mißbräuch zu beseitigen, braucht man die Gesellschaft ganz einfach folgendermaßen zu organisiren:

a) „Es soll kein Eigenthum mehr geben, unter welcher Form und Bedingung es auch sei, und dann unterrichte man Jeden so weit, daß er einsehe, daß er Niemandens Eigenthum sei."

(Ein famoses Mittel, der Schulzwang, um alle gleich reich zu machen. Daß es bei uns noch nicht durchgeführt ist, hat seinen Grund nur darin, daß die großen Herren die armen Eltern zwar mit Zwang in die Staatsschulen hineindrängen, dagegen nicht freiwillig ihr Vermögen für die Schule und an den Staat ausliefern.)

b) „Es sollen die Arbeiter sich so viel verdienen, als nöthig ist, um bequem leben zu können."

(Hört ihr's, ihr Herren! Aber so weit, ruft der liberale Geldsack, sind wir noch nicht.)

4) „Alle Menschen sind gleich; denn Alle sind die Vereinigung eines Organismus mit einem fühlenden Princip. (Vogts Affentheorie!) Alle fühlenden Principe sind anerkannt gleich. Damit diese Gleichheit verbürgt sei, müssen nothwendig Alle durch Fürsorge und auf Kosten der Gesellschaft erzogen und unterrichtet werden, so daß die errungenen Wissenschaften Allen zur Verfügung stehen."

(Hört ihr's! Suppenanstalten neben den Zwangsschulhäusern.)

5) „Das Volk ist heutzutage in finsterer Unwissenheit befangen. (Also doch, und trotz des dreißigjährigen Schulzwangs.) Um es dieser Unwissenheit zu entreißen und zum wahren Lichte zu führen, muß man ganz einfach die Gesellschaft in der Weise

einrichten, daß Alle an der Fülle der geiſtigen Reichthümer Theil nehmen können."

(Und dieſe geiſtigen Reichthümer, die „zum wahren Lichte führen", wachſen ſammt und ſonders allein in den Freimaurer= logen zu X und Y und in der Schule von Vogt und Moleſchott zu 50 Cts. das Pfund — partienweiſe noch billiger mit Ra= batt an die Herren Schullehrer.)

6) „Die zunehmende Verarmung iſt die nothwendige Folge aller ſeit langem beſtehenden Mißbräuche. Um ihre Quelle zu verſtopfen, muß man a) die geiſtige Armuth vernichten, indem man den Beweis liefert, daß der ehrliche Mann kein Narr iſt, und dieſe Wahrheit Allen einprägen durch Erziehung und Unter= richt."

(Beſonders zu empfehlen allen Lehrern an unſern Zucht= häuſern, Straf= und Beſſerungsanſtalten.)

b) „Die leibliche Verarmung vernichten, indem man Grund und Boden, wie auch den größten Theil der von früheren Ge= ſchlechtern angeſammelten Kapitalien dem Geſammteigenthum zu= theilt und den Reichthum zur Verfügung Aller ſtellt."

(Beherzigenswerth für alle Bankinhaber und Geldbeſitzer.)

Da, lieber Arioſt, haſt Du nun das Wort eines Liberalen ohne Geldſack. Das iſt die Konſequenz: daß, wenn man das Staatsſchulmonopol und den Schulzwang haben will, man auch die Gütergemeinſchaft mit in Kauf nehmen muß. Eines ohne das Andere iſt eine Unterdrückung des Unbemittelten gegenüber dem Bemittelten. Du magſt dagegen vorbringen und ausheden, was du willſt, ſo wird Dir Deine Logik ſagen: daß eine wirk= liche Wechſelbeziehung beſteht zwiſchen der Welt des Leibes und der Welt des Geiſtes, zwiſchen materiellem und geiſtigem Ge= biete. Das geiſtige Gebiet, der Nibelungenhort des geſammten menſchlichen Wiſſens ſoll zwangsweiſe und von Staatswegen unter die Maſſen vertheilt werden — und dieſes Staatsſchul= monopol iſt der ſtaatlich organiſirte Kommunismus auf geiſtigem Gebiete.

Dieſes Staatsſchulmonopol vertheidigt der geldſackige Libe= ralismus bei uns. Diejenigen Liberalen aber, denen die In= ſpiration des Geldſackes fehlt, d. h. die Sozialiſten, die Arbeiter, haben eine ganz andere Logik. Sie ſagen: Nicht bloß das geiſtige, auch das materielle Eigenthum muß Gemeingut Aller werden.

Nicht bloß das Wissen, auch die Erde, Grund und Boden ist an die Masse zu vertheilen. Nicht bloß die geistige, sondern auch die materielle Armuth ist zu vernichten.

„Jedes Kind hat ein Recht auf den Unterricht" sagst Du mit den Schulzwänglern. „Aber es hat auch ein Recht auf die Erträgnisse der Erde", sagt der Sozialist. „Zuerst essen, dann lesen." „Eines ist Noth, und das ist das Brod." Die Wissenschaft nützt dem Menschen nichts, wenn er dabei verhungern muß. Du magst Deinen Zöglingen den ganzen Tag die Wissenschaften eintrichtern; gib ihnen nichts zu essen; sie werden Dich über kurz oder lang zum Tempel der Wissenschaft hinaus jagen.

„Die Menschheit hat Jahrhunderte ohne Botanik gelebt, aber nicht ein Jahr ohne Feldfrüchte."

Das wird Dir, lieber Ariost, genügen, um Dich von Deiner Schulzwangswuth gründlich zu heilen, oder mindestens auf andere Gedanken zu bringen, und wenn Du Geduld hast, so will ich Dir über dieses Kapitel noch einen Neuweltler sprechen lassen, zur Beherzigung all unserer Schulzwängler. Es steht nämlich in dem amerikanischen Blatte New-York Herald folgendes gedruckt:

„Die Schwierigkeiten (in heutiger Weltlage) entspringen zumeist aus Mangel an Bildung unter den Massen. Die Volkserziehung kann aber nie Fortschritte machen, so lange das Grundeigenthum nicht gleichmäßiger vertheilt ist, denn die jetzigen Grundeigenthumszustände sind der Schule absolut feindlich. Güter von 100—150 deutschen Quadratmeilen, wie die Brüder Samchez in Coahuila und Flores in Durango besitzen, können sich nicht halten, sobald die armen Bauern zu geistiger Freiheit herangebildet sind."

Was sagen dazu unsere Geldherren und Großgrundbesitzer!

Doch genug für heute! Es dunkelt, und ich habe gute Lust, noch einen kleinen Spaziergang zu machen. Drum entschuldige für dies Mal! Das nächste Mal will ich eine andere Seite anschlagen.

Dein Freund
Veritabel.

Achter Brief.

Lieber Ariost! Du machst Dich in Deinem Brieflein etwas lustig über meine Gelehrsamkeit, und mein Wissen über volkswirthschaftliche Verhältnisse, über Sozialismus und Kommunismus. Ich habe Dir aber schon einmal das offene Geständniß abgelegt, daß es damit gar nicht weit her ist. Aber das ist wahr! Ich lese zum Sterben gern, und wenn mich ein Buch oder eine Zeitschrift recht lebhaft interessirt, so kann ich Alles um mich her vergessen.

So ergieng es mir denn auch wieder mit einem Aufsatz in den „gelben Heften" über den Schulzwang. Aus diesem machte ich Auszüge, schrieb theils wörtlich ab, ließ theils meine eigenen Bemerkungen mit einfließen, und wollte Dir all das zur Erbauung Deines im Schulmeistern fast sauer und ledern gewordenen Gemüthes brieflich mittheilen. Und da ich weiß, daß Du auf meine Sache ohnehin nicht viel hältst, so hab ich Dir die Quelle angeführt, aus der ich die Gedanken schöpfte. Auch führte ich Dir einzelne Gewährsmänner an, um meinem Gedanken um so eher Halt zu verleihen. Sämmtliche bisher angeführte Gewährsmänner sind freilich Liberale vom reinsten Wasser, denen mit Dir auch andere Liberale, wenn sie noch für ein offenes Wort Verständniß zeigen, glauben müssen.

Du wirst nun aus dem bisher Dir Geschriebenen heraus gebracht haben, daß der Schulzwang etwas Ungerechtes und darum auch Unhaltbares ist. Aus meinem letzten Briefe aber muß Dir klar geworden sein, daß Zwangsschulanstalten und materielle Staatshülfe Geschwisterte sind, ihr Endziel aber der Sozialismus, näherhin der Kommunismus ist. Das sollte manchem Reichen, manchem Geldsackliberalen die Augen öffnen, so daß er mit allem Ernst darauf hin arbeitet, den Schulzwang aufzuheben und die Schule frei zu geben. Statt dessen lachen die Meisten selbstgefällig und denken: so weit ist man bei uns noch nicht, und wird auch nicht so bald dazu kommen.

Aber ich glaube: man kommt sicherlich dahin, und vielleicht bälder, als Mancher träumen mag. Man lasse nur die Noth noch größer werden, lasse Unglücksfälle dieser und jener Art, Nothstände, Mißjahre kommen; man treibe immer mehr dahin:

den Mittelstand zu vernichten, und anerkenne nur mehr die zwei Stände: Reiche und Arme. Man fahre nur fort mit dem Schulzwang und der geistigen Bevogtigung, verbanne immer mehr die Religion aus den Staatsschulen, und damit aus den Herzen der armen Jugend; man erziehe nur immer größere Spitzbuben, die gut lesen, schreiben und rechnen können, aber kein Gewissen mehr haben. Man treibe es noch einige Zeit so fort, und die Früchte der Schulzwänglerei werden zeitigen, die Zahl der Verbrechen sich mehren, wie's thatsächlich der Fall ist, die Menge der Unvermöglichen immer größer werden, aber auch immer besser die Einsicht über das Ding, das da geistige Bevogtigung heißt, die Einsicht in die Geldsäcke, und wie man dieselben füllet.

Bei solcher Sachlage möchtest Du meinen, müßte der ganze geldsackige Liberalismus mit dem Schulzwange auf dem feindseligsten Fuße stehen, denn er hat ja eigentlich nichts mehr zu fürchten, als die Aufklärung seiner „weißen Sklaven".

Die Bildung in jetziger Form hat für diese in der That etwas vom Paradiesesapfel. Allein hier findet die bekannte Anomalie, die Umkehrung des Instinktes statt.

Im ganzen liberalen Lager grassirt die Pest der Schulwuth. Aber diese Schulwuth hat ihren Entstehungsgrund und ihr Leben im tiefen, im gründlichen Widerwillen und Haß gegen Kirche und Christenthum. Aus dem Haß gegen die Kirche geht die Begeisterung des Liberalismus für den Schulzwang und das Staatsschulmonopol hervor. Durch den Schulzwang hofft der Liberalismus die Grundpfeiler der Kirche zu untergraben.

Die Kämpfe der Geister werden heut zu Tage fast ausnahmslos unter einer Maske, einem Deckmantel durchgefochten. So verbarg sich hinter der amerikanischen Sklavenfrage der radikale Industrialismus der Nordstaaten, hinter der deutschen Einheit, für welche man bei Sadowa sich schlug, der protestantische Beruf Preußens. Wenn Napoleon zu einem neuen Krieg losschlagen will, muß er seinen Franzosen die Maske einer Idee vor's Gesicht heften; und so macht's auch der Liberalismus bei uns und anderwärts. Er ruft Schule und meint die Kirche; er schreit nach Bildung und meint das Neuheidenthum, er brüllt Schulzwang und meint Christum.

Aber wie wird der Geldsackliberalismus seiner Zeit ent=

täuscht werden! Denn hinter den Maulwürfen und Spitzmäusen, diesen liberalen Fortschrittsmännern, welche das Christenthum untergraben und in die Luft sprengen sollen, stehen die Armeen des vierten Standes, der Sozialismus und Kommunismus. Dieser sammelt die Trümmer, in welche die liberalen Pulverminen und Scherrmäuse einige äußere Strebepfeiler des heiligen Domes gestürzt haben, sorgfältig zusammen, und benützt sie hinterher als Barrikademittel und Sturmböcke, um die jungfräuliche Veste des Kapitals zu stürzen, und den Sack des Geldliberalismus zu durchlöchern.

Trotzdem der Liberalismus Bildung und Wissenschaft für sich allein gepachtet zu haben meint, will er diese Thatsache der drohenden Gefahr nicht merken noch erkennen, wenigstens viele unserer liberalen großräthlichen Größen (!) nicht. Wer wollte es ihnen auch zumuthen. Solche belehren wollen, die sich für aufgeklärt und erleuchtet halten, insbesondere durch ein ultramontanes Schriftchen, hieße Eulen nach Athen und Wasser in den Rhein tragen. Aber wahr ists doch, und wenns auch ein Ultramontaner sagt. Woher aber diese Wuth des Liberalismus, sich als Schutzherr der Schule aufzuwerfen? Woher diese Hartnäckigkeit, diese lederne Zähigkeit, womit der Schulzwang in unsern Tagen von den Liberalen, trotz allem Liberalismus, der in der Freiheit liegt, fest gehalten wird. Diese Fragen beantwortet Dir im nächsten Briefe

Dein Studiengenosse und Freund

Veritabel.

Neunter Brief.

Du erinnerst Dich wohl, daß unser heil. Vater, der große Papst Pius IX., seiner Zeit das gewichtige Wort sprach: „Gebet den Worten ihre Bedeutung zurück!"

Liberal soll freisinnig heißen, d. h. fern von allem Zwang. Sind das wohl unsere sogenannten Liberalen? O, das gerade Gegentheil!

Der Freisinnige will die Freiheit auch für Andere, unsere Liberalen nur für sich selbst; der Freisinnige erachtet es möglich, daß er in seinen Ansichten sich täuscht, unsere Liberalen halten sich stets für unfehlbar; der Freisinnige schont, ja schützt die Minderheit, unsere Liberalen treten sie mit Füßen; der Freisinnige achtet die religiöse Ueberzeugung Anderer, selbst wenn er dieselbe nicht theilt, unsere Liberalen sehen auf jede positive Religion mit selbstgefälliger Verachtung herab; mit einem Wort: unsere Liberalen sehen und suchen nur sich selbst, und was ihren Vortheilen und Ansichten widerstreitet, muß mit allen Mitteln nieder gehalten und wenn möglich vernichtet werden. Darnach kannst Du auch beurtheilen, wie Schulzwang und Liberalismus, im Sinne von Freisinnigkeit zusammmen passen; etwa wie Hund und Katze, Fledermäus und Lerchen, Sauerkraut und Honigfladen.

Woher kommts nun aber, daß die großmauligen Liberalen, deren Mund von Freiheit überfließet, mit aller Gewalt den Schulzwang beibehalten in unserer frei sein sollenden Schweiz?

  Erkläret mir, Graf Orindur,
  Diesen Widerspruch der Natur!

Du wirst sagen, thu's Du, alter Kollege! Dir zu lieb thu' ichs, einem andern nicht. Aber erschrick nicht, wenn ich Dir einen Maulwurfshaufen aufdecke, in welchen hinein zu blicken nicht Jedem vergönnt ist. Du hast von der Freimaurerei schon genugsam gehört und gelesen, um Dir einen Begriff machen zu können von ihrem Zusammenhang in der halben Welt herum, einem Zusammenhang wie von Fröschenlaich und Geigenharz. Da steht an der Spitze die Hauptloge zu Tartara, von wo aus unsichtbar die Logen auf Telluria regiert werden. An der Spitze der Erdoberflächlichen steht der sogenannte „große Orient"; die übrigen Landes-, Stadt- und großen Dorflogen stehen unter der Großen Loge wie die Gemeinen und Bebrideten unter den grünen Obermandarinen. Von daher kommts, daß, wenn die Obermandarinen einen Befehl erlassen, die Untergebenen, Beschnauzte und Rasirte, in der halben Welt herum allsogleich den Befehl wieder haben, indem einer dem andern das Wort von Land zu Land zuruft, wie die Feuerwehrmänner ihr „Spritze Wasser!" von einer Gasse zur andern, worauf das Pumpen und Spritzen allerorts losgeht. Daher die Erscheinung, daß heut zu Tage in fast allen Ländern die Schulfrage die sogenannte brennende Frage geworden ist.

Aber Du könntest mir einwenden: Ja, meinst Du denn, es seien alle unsere bewußt oder unbewußt liberalisirenden Großräthe und Gesetzesfabrikanten, Groß= und Kleinschulzwängler Freimaurer?

O bei Leib nicht. Aber wie wenn eine Gans zu schreien anfängt, die Grund dazu hat, dann auch die anderen zu schreien beginnen, ohne zu wissen warum, so auch unsere Schulgesetzes= fabrikanten. Einzelne Haupthähne, die wirklich Freimaurer sind, geben den Ton an, und gleich beginnt das Musikstück, dessen Tönen auch die anderen blinden Nachschreier betäubt, und siehe! das Schulzwangsgesetz, die Lehrschwesternverbote gehen durch, trotz dem Freiheitsredegeklingel des falschen Liberalismus, und trotz dem Abwehren einzelner weniger Charakterköpfe. Ach, es sind nur Wenige, die tiefer in den Scheermäusehäufen hinein= sehen, und darum Widerspruch zu Gunsten der Wahrheit und Gerechtigkeit erheben. Der große Haufe hilft der Freimaurerei mit durch dick und dünn. Das ist der Schatten der Zeit, die kein Christenthum mehr in der Schule dulden will, und da hilft denn noch Mancher unbewußt mit, der sonst's Kreuz noch macht.

Bei solchen hat sogar der Satz Geltung gewonnen: „Recht ist, was man dazu macht", und „wer d'Geißel hat, der klöpft damit", und „Es frägt sich nur, wer Meister ist."

Es ist das eine himmeltraurige Thatsache, aber es ist leider so. Was eine brutale Mehrheit will, dem muß sich die Minder= heit fügen, und wenn's auch der Minderheit den Garaus macht; das ist die unfehlbare Lehre des falschen Liberalismus, des Geld= sackliberalismus. — Der Staat, dieser allmächtige Staat, dieses „Eine und Alles", ist der Hort und Aushängeschild des Libe= ralismus.

Wir beide, Du und ich, haben freilich andere Ansichten über den Staat. Wir meinen eben, der Staat habe einfach die Pflicht, einen Jeden in seinem freien Wirken und in seinem Rechte zu schützen, nicht aber das Recht: die Freiheit und das Recht des Einzelnen zu beschneiden und aufzuheben, wie durch den Schulzwang thatsächlich geschieht.

Daraus folgt: daß der Staat für sich Schulen errichten kann, aber Andere nicht hindern darf, auch solche zu errichten, sonst wird er ungerecht wie jene Eierfrau, die sich herausnahm,

allein Eier zu verkaufen und alle Andere vom Markte wegzu=
schaffen.

Die Schule gehört, laut Stiftung, den Eltern, welche Kinder
haben, und diese haben zu entscheiden, wie sie ihr Kind außer
der Familie weiter bilden wollen, nicht aber der Staat.

Aber, entgegenst Du mir: der Staat muß doch zufolge
seiner Aufgabe das Recht haben, von Allen einen gemeinsamen
Grad der Bildung zu fordern, und dann noch diejenigen physisch
nöthigen, diesen Grad zu erreichen, welchen es an anderseitiger
Bildung in der Familie mangelt.

Auch das nicht, lieber Ariost, denn erstens gibt der Volks=
schulunterricht keine Bürgschaft für höhere Gesittung, und zweitens
kann nicht bewiesen werden, daß ohne Schulzwang nicht die
weitaus überwiegende Mehrzahl der Kinder Volksschulunterricht
bekäme.

Das Verhältniß von Frankreich zu Preußen, das ich Dir
schon früher angeführt, mag Dir auch an dieser Stelle zum that=
sächlichsten Beweise für obige Behauptung dienen. Weitere Ver=
gleiche zu ziehen, wirst Du mir für dies Mal erlassen. Dafür
will ich Dir im nächsten Briefe ein Verhältniß in unserem Staats=
zwangsschulwesen auseinander setzen, auf das ich in einem früheren
Briefe schon hingedupft, nämlich das Verhältniß der Schule zur
Religion. Dabei soll Dir klar werden, welch Gewissenszwang,
welch sittliche Ungerechtigkeit der Schulzwang in unseren Tagen,
beziehungsweise beim heutigen Schulwesen nach sich zieht. Ewig

Dein Freund

Veritabel.

Zehnter Brief..

Lieber Ariost! Dies Mal muß ich Dir etwas von Re=
ligion sagen, die heut zu Tage so gar nicht mehr nach dem
Geschmacke unserer liberalen Schulzwängler ist. Doch das ist
mir gleichgültig. Zu Dir darf ich Gottlob noch von Religion
reden und schreiben. Drum sei's!

Selig zu werden, ist die Bestimmung des Menschen. Nun

kann der Mensch ohne Lesen, Schreiben und Rechnen, aber nicht ohne Religionskenntnisse selig werden.

Jedes Kind ist aber vermöge der Taufe ein Glied der Kirche und hat somit das Recht auf den Unterricht in der Religion, und auch die Pflicht, sich diesen zu verschaffen oder verschaffen zu lassen. Ebenso darf es verlangen: in seiner Religion geschützt zu werden vor Angriffen auf dieselbe.

Nun treffen wir heut zu Tage Schulen, aus welcher alle und jede Religion verbannt, ja wo der Schulunterricht so eingerichtet ist, daß selbst der Religionsunterricht, den das Kind außer der Schule empfangen hat, nothwendig verkümmern muß. Und in solche Schulen hinein zwingt der Staat die Kinder mittelst des Schulzwanges. Noch mehr! Es gibt Schulen, in welchen nicht bloß keine Religion gelehrt, sondern sogar die Mißachtung der Religionsgeheimnisse und der offenbare Unglaube gelehrt wird.

Ich kann Dir auf Verlangen ein Schulbuch zeigen, in welchem die Gottheit Christi geleugnet und eine ganz allgemeine Humanitäts- aber gar keine christliche Moral gelehrt wird. Und dieses Schulbuch ist als gesetzliches Lehrmittel erklärt.

Und in solche Schulen, mit solchen Lehrbüchern versehen, zwingt der Staat mittelst des Schulzwanges die Kinder christlicher Eltern. Ist ein solcher Schulzwang nicht eine himmelschreiende Ungerechtigkeit?

Es ist mir, als sähe ich Dich vor Staunen Deine großen blauen Augen weit aufsperren, lieber Ariost. Ich begreife Dein Staunen ganz wohl. Vielleicht möchtest Du aber meinen, ich male mit meiner Tinte zu schwarz und übertreibe die Sache ins Aschgraue. Geduld, Freund! Zur Erhärtung meines Gesagten verweise ich Dich auf die Schrift Vögeli's, worin die Gottheit Christi Jesu und seine Wunder geleugnet sind. Und diese Schrift empfiehlt sich selber zur Einführung in die Schulen. Einzelne fortgeschrittene Schulmeister aber haben sich schon herausgenommen, ihre Uebereinstimmung mit dem Inhalt derselben kund zu geben.

Und nun zwingt der Staat christliche Eltern, ihre getauften Kinder zu solchen Lehrern zu schicken und in solchen Büchern zu lesen. Was ist da der Schulzwang für eine heillose sittliche Beeinträchtigung?

Zum Schluß noch eine schönere, heiterere Gegend! So las ich vor Kurzem:*) wie sich in Langenthal unter dem Vorsitz des Direktors des bern'schen Lehrerseminars der sogenannte berner'sche Reformverein versammelte. Unter dem Zuströmen von Gästen aus Basel, Zürich und Aargau eröffnete das Präsidium am 28. September 1868 die Versammlung, „indem es als Aufgabe des Reformvereins hervor hob, mit allen Mitteln der Wissenschaft endlich und unerschrocken nach der Wahrheit zu suchen und sie auch unverholen auszusprechen. Die Reformer bilden sich nicht ein, allein im Besitze der vollen Wahrheit zu sein, wohl aber nach Kräften sie zu fördern." Das Thema der Verhandlung lautete: „Wie hat der Religionsunterricht in der Schule sich hinsichtlich der biblischen Wunder zu verhalten?" und es ergaben sich folgende Schlußsätze:

„Die Wunder, resp. ihre unterrichtliche Behandlung hat sich nach den anerkannt pädagogischen Grundsätzen zu richten (wie bescheiden diese Pädagogik ist!) und ist daher auf der ersten Stufe eine naive (wie naiv!), welche auf der zweiten Stufe durch die symbolisirende Erklärung ergänzt wird, um auf der dritten Stufe durch Hervorhebung der Entstehung und der geschichtlichen Bedeutung des Wunders (sic!) einen die religiösen Interessen allseitig befriedigenden Abschluß zu finden." (Mit anderen Worten heißt dieser Satz: Man soll in der Schule die Wunder zuerst naiv, d. h. wahr, dann symbolisirend, d. h. halbwahr, zuletzt negirend erklären, d. h. sie ganz verwerfen.)

„Die Diskussion," heißt's weiter, „gieng mit dem Referenten darin einig, daß die in der Bibel erzählten Wunder nicht als eigentliche Wunder, d. h. als Durchbrechung der von Gott geordneten Naturgesetze zu betrachten seien, sondern lediglich als Ausdruck der Verehrung des Herrn bei seinen Jüngern, die unter dem Eindruck seiner sittlich=religiös erhabenen Persönlichkeit ihn naiv in religiös=poetischer Weise durch Wunder zu verherrlichen suchten. Solche Verehrung erweckt auch in uns Verehrung für den Erlöser. Das ist die praktisch erbauliche (warum nicht erbaulich praktische?) Bedeutung jener Wundererzählungen."

Ein gewisser „protestantischer Prädikant A., seines Zeichens Pfarrer, anerkannte: daß Glauben und Nichtglauben an die

---

*) Bund Nr. 274, Jahrg. 1868.

Wunder nie und nimmermehr als Merkmal des Christen oder Nichtchristen gelten könne."

Da, wo man die Wunder so offenbar und ungenirt leugnet (wer die Wunder leugnet, leugnet Gott), halte ich weitere Bemerkungen für unnöthig. Und zu solchen Lehrern zwingt man Kinder christlicher Eltern in die Schule. Was ist da der Schulzwang, lieber Ariost?

Du bist hoffentlich befriedigt über diesen Punkt, so daß ich füglich zu einem andern übergehen kann.

„Wenn ich zurückdenke und mich im Geiste in meine Kinderjahre zurückversetze, so erinnere ich mich noch ganz wohl, wie verhaßt mir die Schule war; wie ungern ich mich jeden Morgen, so Gott gab, aus den Federn machte, wie ich auf jeden Stundenschlag der Schuluhr horchte und zählte, ob's noch nicht elf, oder vier Uhr schlage; wie ich endlich jeden Donnerstag Nachmittag mit Freuden begrüßte, und die Feiertage insbesondere, die mich des Schulbesuchs entbanden. — Kam ich aber irgend einmal in der Vakanz zufällig in's Schulhaus, da fand ich Alles so fremd, so unheimelig, daß ich froh war, wenn ich die Schwelle des Zwanghauses hinter mir hatte." So erzählte mir vor Kurzem einer meiner jüngern Freunde, der die Süßigkeiten des Schulzwanges genossen. „Ich weiß nicht," fragte er mich, „ist's Dir auch so ergangen?" Als ich aber die Schule nicht mehr gezwungen besuchte, gieng ich sehr gern und die Schule ward mir zum Ort der Lust und Freude. Ich lernte zuerst fast nichts, und später gieng's mir nach Wunsch."

Da, Freund Ariost, hast Du abermals eine Stimme der Erfahrung und des Lebens! Ich glaube, es liegt dieser Erscheinung doch etwas Natürliches zu Grunde; daß nämlich Freiheit Freude und Lust, Zwang aber Ekel und Ueberdruß erzeugt. Und ich bin überzeugt, daß unser jetziges Staatsschulwesen mit seinem Zwang schwerlich Freiheitshelden gebären wird. Im Gegentheil! Knechte, charakterlose, dienstbare Geister, ohne selbstständiges Urtheil, und ohne Sinn für kirchliche und bürgerliche Freiheit.

Das ist abermals ein Grund, warum ich als freiheitsliebender Schweizer dieses Schulwesen mit seinem Staatsschulzwang bekämpfe. Daß dieses Staatsschulwesen der Kirche großen Schaden bringe, fürchte ich nicht. Es kann wohl Einzelne schädigen, aber die Macht und den segensreichen Einfluß der Kirche im großen Ganzen nicht schwächen. Der Schaden jedoch, den ein Einziger erleidet, wäre Grund genug, den Schulzwang zu verwerfen.

Mehr als für die Kirche, fürchte ich, wie gesagt, für die bürgerliche Freiheit und den Freiheitssinn des Schweizervolkes überhaupt. Dieser hat in der That seit Einführung des Schulzwanges schon schwer gelitten. Unser Volk ist leider schon so sehr an diese staatliche Zwangsjacke gewöhnt, so daß sich die besten Leute eine Schule ohne Schulzwang ebenso wenig vorstellen können, als die Zopfchinesen eine Mahlzeit ohne Reis.

Lieber Ariost, ich bin heute müde, und es ist schon spät in der Nacht, da ich dieses schreibe. Meine Augen sind schwer, darum verzeih, wenn ich hier abbreche, und Dich auf einen späteren Brief vertrösten muß.

Dein allzeit ergebener Freund

Veritabel.

Elfter Brief.

Freund Ariost! Dein Brieflein hat mich außerordentlich gefreut. Du redest von der Leber weg, und das liebe ich, weil ich's selber auch thue. Es ist mir eine wahre Genugthuung zu erfahren, daß Du mit mir die Religionslosigkeit unseres heutigen Schulwesens beklagst und sogar findest, daß der Schulzwang rücksichtlich solcher Schulen wirklich ein Gewissenszwang und eine sittliche Beeinträchtigung sei. Du sagst dann freilich zur Entschuldigung: daß die Schulen nicht überall religionslos seien, und deßwegen meine Auseinandersetzung bezüglich des Verhältnisses der Schule zur Religion nicht überall Anwendung finden könne.

Allein, mein Lieber, vergiß nicht, daß es überall Ausnahmen von der Regel gibt; daß ich aber von der Regel spreche, und den Schulzwang grundsätzlich bekämpfe. Wer bürgt dafür, daß an Orten, wo die Schule noch auf religiös-sittlicher Grundlage ruht, nicht auch mit der Zeit andere, der Religion feindliche Verhältnisse eintreten können? Also sieh! Dein Einwurf fällt dahin, und der Grundsatz, daß der Schulzwang, auch von der religiösen Seite betrachtet, zur schreienden sittlichen Beeinträchtigung führen muß.

Nun laß mich, nachdem dieser Punkt abgethan, auf einen andern, und zwar materiellen, übergehen, nämlich den Geldpunkt. Dabei muß Dir klar werden, daß das Staatsschulmonopol auch eine materielle Ungerechtigkeit gegen gewisse Bürger in sich schließt.

Wo immer auf liberaler Seite über das Schulwesen geschwatzt oder berathen wird, da ertönt der Ruf: daß der Unterricht obligatorisch, d. h. schulzwänglerisch, und unentgeltlich sein müsse. Das ist dem Liberalismus ein Dogma, an welchem er so wenig rütteln läßt, als am blamirenden Jesuitenartikel in der Bundesverfassung.

Gegen diese Unentgeltlichkeit des Unterrichts wehren sich aber die freiheitsliebenden, und notabene liberalen Engländer aus allen Kräften. Du siehst, daß unsere Sackliberalen ganz andere Liberalen sind, als die liberalen Engländer. Diesen ist das Wort „Unentgeltlichkeit" fast ebenso verhaßt, wie der Zwang, d. h. das „Obligatorisch". Offenbar fühlen sie in diesem Wort Unentgeltlichkeit und Schulzwang den Sozialismus, wie Gemsen den verfolgenden Jäger im Windzug.

So schreibt die „Englische Korrespondenz" erst jüngst: „In der Schulkonferenz zu Manchester wird zur Zeit getagt über die Frage: ob Schulzwang nach deutschem Muster, oder nicht. Man räumt ein: daß das englische Schulwesen einer Reform dringend bedürfe; aber der Gedanke bezüglich des Zwangs gegen die Eltern widerstrebt der englischen Tradition. Herr Bruce, ehemaliger Unterstaatssekretär des Innern und Präsident des Unterrichtsrathes, versicherte: man liefe Gefahr, 50 Prozent der Bevölkerung zwingen zu müssen."

„Es ist doch merkwürdig," fügt eines der besten deutschen Tagesblätter (Augsb. Postzeitung) bei, „von diesen unpraktischen (!) Engländern, daß sie gar so halsstarrig sind, unsere trefflichen (!) deutschen Einrichtungen, mit denen wir es „so herrlich weit" gebracht an nationaler Größe, bei sich einzuführen. Zur Größe eines Volkes scheint also der Schulzwang und deutsche

Schulmeisterei doch nicht so ganz unbedingt nothwendig zu sein." *)

„Ueber die Unentgeltlichkeit des Unterrichts bestehen unklare und falsche Begriffe. Genau genommen kann von Unentgeltlichkeit nur die Rede sein bei Schulen, welche aus Schenkungen und Stiftungen erhalten werden. Gewöhnlich versteht man aber unter jener landläufigen Rede so viel, daß die Schullehrer von den erzwungenen Steuern der Bürger unterhalten werden sollen. Während früher und wie's jetzt noch Recht wäre, nur diejenigen den Schullehrer unterhielten, d. h. das Schulgeld bezahlten, deren Kinder oder Pflegbefohlene zur Schule giengen, so muß aber jetzt jeder Bürger Schulgeld bezahlen, ganz abgesehen davon, ob einer Kinder habe, oder nicht. Eine Pflicht, die sonst der Familie oblag, und Sache der persönlichen Freiheit sein mußte, ist durch Ausdehnung auf den Steuerbeutel aller Bürger kommunistisch ausgeglichen. Die allgemeine Schulsteuer, beziehungsweise die Uebernahme des Schulwesens durch den Staat, ist der erste Schritt des Staates vom geistigen Kommunismus zum materiellen. Durch den Schulzwang nimmt der Staat den Eltern das Recht und die Pflicht des Lehrens ab; durch die Steuern greift er aber auch in die Nährpflicht der Familie ein, freilich ohne dafür etwas an die Nährpflicht zu leisten. Insofern der Unterricht der Kinder Kosten verursacht, gehört er zur Nährpflicht der Eltern, und diese entzieht der Staat der freien Einzelthätigkeit und macht sie zur Last Aller."

So ist jeder Schritt der Staatsallmacht auf Kosten der konfessionellen, korporativen, und individuellen Freiheiten und Rechte ein Schritt näher zum Kommunismus, wie neben dem Schulzwang die Expropriationsgesetze beweisen.

Du siehst, wohin der Liberalismus bei uns bewußt oder unbewußt treibt. Was die Schweizerfreiheit dabei gewinnt, ist leicht zu enträthseln.

Doch Du könntest mir entgegnen: Der Staat muß so handeln, weil der betreffende Artikel der Staatsverfassung ihm das Schulwesen überbindet, und das Volk den Artikel ja angenommen hat.

Allein man weiß, wie jener Artikel zu Stande gekommen

---

*) Augsburger Postzeitung Nr. 19, 1868.

und vom Volke angenommen worden; zu einer Zeit nämlich, wo die ganze Spannkraft des Volkes erlahmt war; zu einer Zeit, wo man an aller Grundsätzlichkeit total irre geworden. Wer weiß, wie wenig, oder eigentlich wie gar nicht das Volk über die Tragweite des Artikels aufgeklärt war; wer weiß, wie man seit dem Bestande der Verfassung diesem Artikel die wächserne Nase zum Nachtheil der Konfessionen nach Links und Rechts gedreht, und ihn zum Vortheil des allmächtigen Staates ausgedehnt, durch die Lehrschwesternverbote, die Bedrückung und Beschränkung der Gemeindefreiheit, und die Aussaugung der Steuerbeutel der Bürger, der wird eine solche Entgegnung nicht im Ernst machen.

Die Schule gehört, Verfassungsartikel hin oder her, rechtlich demjenigen, der sie gegründet, und der ist die Kirche und die konfessionelle Gemeinde. Jeder soll das Recht haben Schulen zu gründen, aber nicht Jeder kann das, was Andere gegründet haben, durch einen erzwungenen Verfassungsartikel an sich reißen. Denn solche Annexionen à la Victor Emanuel und preußischen Adler sind einfacher Diebstahl aller privaten, korporativen und konfessionellen Rechte — der Sozialismus in nacktester Form.

Daß der Staat alljährlich für Schulzwecke einige tausend Franken aushingibt, begründet durchaus kein Recht für ihn auf die Schule; denn das ist purer Speck, um blinde Mäuse zu fangen; oder um den Bürgern Sand in die Augen zu streuen, welche nicht merken sollen, daß am Ende doch sie es sind, welche aus ihrem magern Steuerbeutel das Geld dem Staat in die Hände spielen; damit er es wieder als großmüthiges(!) Geschenk an arme Schulgemeinden aushingeben kann.

Schöner Humbug das, in einem freien Staate! Durch solchen Humbug, unter dem blendenden Schilde von Unentgeltlichkeit des Unterrichts, kann man freilich die Massen, welche nicht denken, ködern und blenden — und das Volk ist ein Riese ohne Kopf, der nicht begreift, was man mit Händen greifen kann. O sancta simplicitas, ich möchte rasen. Und darum end' ich für dies Mal.

Dein immer gleicher Freund

Veritabel.

Zwölfter und letzter Brief.

Freund Ariost! Recht unzufrieden bin ich mit Dir, oder besser mit Deinem Brieflein, von dem das Wort des alten Komödianten Terenz in seinem Prolog zum Eunuchen gilt: Nullum est jam dictum, quod non dictum sit prius; denn Du wiederholst all die alten, schon längst gemachten Einwürfe, wenn auch in einer etwas anders zugestutzten Form. Neben dem alten Kohl von Rechtsanschauungen setzest Du mir eine Nuß zum Aufknacken vor, die ich am wenigsten von Dir erwartet. So bist also auch Du schon etwas von den sogenannten „modernen Ideen" angesteckt? Und Du — Du wagst es, zur Vertheidigung des Staatsschulmonopols und Schulzwanges einen Grundsatz aufzustellen, der einem Schinderhannes Ehre machen würde? Wahrlich, das ist stark!

Doch statt mir den Geduldfaden entzwei reißen zu lassen, ist es besser, die Lachmuskeln anzuziehen. Da lese ich z. B. in Deinem zierlichen Brieflein:

„Der Staat hat ein großes Interesse an der Schule."

Du lieber Himmel von Andalusien! Was folgt denn aus diesem Satze? Etwa, daß der Staat die Schulen an sich reißen darf, welche ihm gar nicht gehören? Wahrlich, statt hochobrigkeitlicher Staatsscholarche zu sein, solltest Du nächstens Kronjurist unserer sieben Weisen im Bundespalast werden. Wenn das Interesse, das man an einer Sache hat, einem einen Rechtstitel auf dieselbe gibt, dann, lieber Ariost, schick' mir sogleich Dein neuestes Werk: Encyklopädie des Erziehungswesens von Pfister und Rollfuß; denn ich hab' ein ungeheures Interesse dran; dann sende mir gleich Dein goldenes Sackührchen, das Du jüngst gekauft, denn es interessirt mich über alle Maßen; dann haben Victor Emanuel und Garibaldi ein Recht auf Rom; denn sie interessiren sich schrecklich dafür; dann sind alle Schelmereien und Diebereien gerechtfertigt, denn alle Diebe interessiren sich um die Sache, die sie stehlen; dann .. dann . . .

Wohl hatte König Achab ein Interesse am Garten des Naboth und der berühmte Schinderhannes an all den schönen Dingen, die er sich annexirt. Ob aber all diese ein Recht hatten zuzugreifen? Wie kann ich ein Fräntlein m e i n nennen, wenn das Interesse, das ein Anderer daran hat, ihm das Recht geben soll, es s e i n zu nennen? Klugerweise hast Du noch beigefügt: Der Staat erlange durch das große Interesse, das er an der Schule habe, ein gewisses i d e e l l e s Recht auf dieselbe.

Ja freilich ein i d e e l l e s, — ein gedachtes, ein erträumtes, ein eingebildetes, — und darum erlogenes Recht. Das ist das sogenannte Interessenrecht, mit dem heutzutage so großes Unrecht will verkleistert werden, und mit dem Du auch das Staatsschulmonopol und den Schulzwang vertheidigen möchtest.

Wenn Du für Deine Sache keine anderen Gründe und Rechtsgrundsätze, als die der Willkür, der Zweckmäßigkeit, des Interesses, und allenfalls den Artikel einer Verfassung, welche von den Hohlkugeln der Alltagsjuristerei schon längst durchlöchert ist, beizubringen vermagst, dann, Freund! steht's schlimm mit Deiner Klientin. Und wirklich merkst Du selber, daß Dein Satz: „Der Staat hat ein großes Interesse an der Schule und dieses Interesse gibt ihm eben einen ideellen Rechtstitel", auf sehr schwachen Beinen steht; darum fügst Du wohlweislich bei: „aber nur dem Staate als dem Repräsentanten der Allgemeinheit".

Allein darauf nur einige Wörtlein!

Wenn der Staat, als Repräsentant der Allgemeinheit, das soll nehmen dürfen, woran er ein Interesse hat, wo bleibt denn da noch ein Privateigenthumsrecht bestehen. Dann Gnad Gott allen Geldgesellschaften, Banken, Klöstern, Genossengütern, welch letztere vorläufig der Redakteur eines gewissen Winkelblattes schon doppelt besteuern möchte. Es ist denn doch etwas Beneidenswerthes um solch einen Redaktot mit seinen Rechtsgrundsätzen, der da von seiner unfehlbaren Lehrkanzel herab seinen Lesern auftischen darf, was alles in seinem gelehrten kleinen Hirn bis zum ersten Rückenmarkswirbel steckt.

Dieses Aufheben aller privaten Rechtstitel zu Gunsten der Allgemeinheit und die entsprechende Uebernahme der Einzelperson auf Kosten des Staates, ist eben der nackteste Kommunismus à la Sidney Smith, dem Mormonenhäuptling, und St. Simon, dem Erzkommunist.

Ein kommunistischer Staat mag sich allenfalls bei Aufhebung der Einzelrechte auf den Titel des Interesses berufen, nie und nimmer aber der sogenannte „Rechtsstaat", wie man heutzutag unsere Staaten zu nennen beliebt. Ihm geht es mit der Schule, wie dem Vetter Cyprian, der da glaubte, er habe ein Päcklein Tabak gekauft, und wie er näher nachsah, hatte er's gestohlen.

Der Liberalismus, oder wenn Du's lieber hörst, der Radikalismus, hat's ähnlich, wie der Teufel. Gibt man ihm den Finger, will er auch die Hand, und hört nicht auf zu wollen, bis er den ganzen Menschen an der Gabel hat. Er anerkennt außerhalb der Volksabstimmung (die er aber macht und leitet) weder ein göttliches noch menschliches Recht an — ausgenommen seinen eigenen Geldsack. Auf diesem steht immer, wie auf einem Frachtgut, die Adresse: „Bis hieher und nicht weiter".

Hier hast Du auch, lieber Ariost, die Zeichnung unserer jungen und der alten radikalen Schule. Die Jungen sind die Kommunisten, — die Alten aber die Sackpatrioten, was aber die Jungen, wenn sie alt und reich geworden, auch wieder werden. Welche von beiden Parteischattirungen das größere Uebel ist, weiß ich nicht zu unterscheiden, et adhuc sub judice lis est.

Mein Lieber! Der Brief wird mir etwas länger, als ich anfangs dachte. Darum hab' noch ein wenig Geduld!

Ich könnte Dir jetzt die Vernichtung der korporativen Rechte der Gemeinden durch den Schulzwang und das Staatsschulmonopol nachweisen, könnte Dir des Langen und Breiten zeigen, wie der Staat den Gemeinden befiehlt: Schulhäuser zu bauen, sie so und so einzurichten, mit so und so viel den Schullehrer zu besolden und s. f., ohne einen Rappen zu bezahlen, oder auf die Wünsche der Gemeinde Rücksicht zu nehmen. Doch ich will mich kurz fassen und hier nur einige Beispiele dieses Staatszwanges, natürlich zur allgemeinen Erbauung, namhaft machen,

So weiß ich eine, ja mehr als eine Gemeinde; aber ich will nur eine anführen. In dieser Gemeinde war die Stelle einer Arbeitslehrerin erledigt. Die Gemeinde setzte als Besoldung der Stelle 40 Fr. aus. Nun meldeten sich 16 Bewerberinnen. Es ward natürlich nur eine gewählt. Nun kommt aber der Staat mit dem Befehl: der Arbeitslehrerin statt vierzig, 80 Fr. zu bezahlen. Die Gemeinde mußte 80 bezahlen, obwohl sich für die 40 Fr. noch 15 andere bewarben. Das Gleiche geschah auch bei Lehreranstellungen.

Wie nennst Du das in einem freien Staate? Riecht das nicht nach dem Knöpflistecken, obwohls nicht im Kulturstaat passirt? In der Hauptstadt des Landes bekommst Du z. B. keine Wohnung unter 200 Fr., wohl aber auf dem Lande genug um 100 Fr. Nun kommt der Staat und befiehlt Dir, 200 zu bezahlen, einfach deswegen, weil man in der Hauptstadt keine unter 200 Fr. bekommt. Würdest Du nicht aus Leibeskräften schreien:

Das sei Tyrannei?

Und so treibt's der Staat mit dem Schulmonopol! und das in unserer freien Schweiz!

An einem anderen Orte war ein Familienvater, der zwei schulpflichtige Kinder hatte. Der Vater wollte sie nicht in die Dorfschule schicken, sondern zu Hause unterrichten lassen, wobei er es der Schulbehörde anheimstellte: seine Kinder, wie die der Dorfschule, alljährlich der angeordneten Prüfung zu unterstellen. Aber nein! nicht zu Hause dürfen die Kinder unterrichtet, in die Dorfschule müssen sie geschickt werden, lautete der hochwohlweise, obrigkeitliche Erlaß. Diese Kinder gehörten einem deutschen Professor. Was muß der für eine Ansicht und Meinung von Schweizerfreiheit mit in sein heimathliches Preußen genommen haben, als er aus Grund dieses heillosen Schulzwangs wirklich die betreffende Gemeinde verlassen und in seine Heimath gezogen war?

Verzeih mir, Freund Ariost, diese Abschweifung. Es ist ja in dieser Sache der letzte Brief. Ich eile zum Schlusse, wobei ich noch einige Inkonsequenzen aufdecke, die im Schulzwang und Staatsschulmonopol liegen.

Der Staat besitzt, wie Du weißt, ein Departement der Finanzen, der Justiz, des Innern u. s. f.

Das Justizdepartement sucht gerechte Justiz à la „Säuliprozeß" zu fördern und Gesetze zu erfinden; — aber es führt nicht eigene Advokatie auf Unkosten von Privatleuten, sondern überläßt das der Industrie des Advokatenstandes. Die beiden andern genannten Departemente sind bemüht, auf alle mögliche Weise Ackerbau, Handel und Industrie zu fördern und zu un=

terstützen. Es fällt den Vorständen dieser Departemente aber durchaus nicht ein, von Staatswegen zu ackern, zu säen, zu dreschen, Fabriken zu bauen und Handel zu treiben und zu verbieten, daß Privatleute so was thun. Alle Monopole sind ihm verpönt und bald wird das Salz= und Salzgecksteinmonopol, dieses Ueberbleibsel der Staatsregalien, die Rolle des letzten Mohikaners gespielt haben. Kurz, weder der Financier, noch der Vorstand des Innern treiben selber Handel und Industrie.

Nicht so verfährt das Erziehungsdepartement. Dieses besitzt eine Schullehrerfabrik, Seminar genannt, monopolisirt das Schulwesen und zwingt sämmtliche kindergesegneten Bürger zur Abnahme seines zweideutigen Modeartikels.

In Monarchien, über welche wir Schweizer so gerne die Nase rümpfen, sind die Tabakraucher gezwungen, k. k. Tabak zu rauchen; aber es ist Niemand gezwungen, zu rauchen, ein Raucher zu sein. — Aber in der freien Schweiz müssen unsere Kinder rauchen, d. h. über dem ABC schwitzen; denn wir haben Schulzwang und Staatsschulmonopol.

Das ist ja köstlich. Da rümpft die Nase auch, ihr freien Schweizer!

Der Handel mit materiellen Dingen ist der freien Konkurrenz der Einzelnen überlassen. Warum nicht auch der Handel mit geistigen Gütern? Fürchtet ihr etwa, ihr Schulzwängler und Erziehungskünstler und Nichtkünstler, fürchtet ihr etwa, es könnten Freiheitsideen den Kindern beigebracht werden? Oder Religion? O, beides würde nichts schaden.

Aber das wollt ihr eben nicht. Die Kinder sollten in euern Staatsschulen religionslos werden und willenlose Sclaven eurer Wahlmaschinen. Das ist der Fuchsschwanz, der euch unter dem Mantel eurer selbstgepriesenen Bildung hervorguckt, wie dem Mephistopheles der Pferdefuß.

Doch, warten wir die Früchte ab, die am Baume eurer Schulzwängerei und des Staatsschulwesens wachsen und zeitigen. Die Geister, die ihr gerufen, ihr werdet sie einstens nicht zu bannen vermögen.

Wir leben, Freund Ariost, in den Zeiten des Freihandels und der Gewerbefreiheit. In diese paßt der Schulzwang und das Staatsschulmonopol, wie die Toga virilis in die Zeit des

Frackes und der Reifröcke. Drum fort mit diesen freiheitsmör=
derischen Einrichtungen, fort in die Alterthumssammlung der
Knöpflistecken und Folterwerkzeuge. Amen!

Auf ewig Dein Freund

Veritabel.